The Lightning Stars

AF210112

Alfred Jähnke

The Lightning Stars

Autobiografie

Bibliografische Information der Deutschen Nationalbibliothek:
Die Deutsche Nationalbibliothek verzeichnet diese
Publikation in der Deutschen Nationalbibliografie;
detaillierte bibliografische Daten sind im Internet über
http://dnb.dnb.de abrufbar.

Satz, Umschlaggestaltung, Herstellung und Verlag:
BoD – Books on Demand, Norderstedt

© Grafik: Hubis / 123rf.com

ISBN: 978-3-7578-7506-0

Alfred Jähnke wurde 1950 an einem eiskalten Januartag in der Pfalz geboren. An seinem Geburtstag brachte ein Nachbar die hochschwangere Mutter in einem gestohlenen Auto ins Krankenhaus. Dies war sein erster Kontakt, noch pränatal, mit dem organisierten Verbrechen. Es sollte bis heute auch sein einziger bleiben.

Bei der Konfirmation 1964 bekam er zwei Geschenke, die sein Leben verändern, eine alte Wandergitarre und die Beatles-LP »With The Beatles«.

Ab diesem Zeitpunkt war nichts mehr, wie es war.

Er beschreibt in einer Autobiografie die Entstehung und den Werdegang einer Band in den sechziger Jahren mit dem Namen »The Lightning Stars«.

Darüber hinaus schildert er mit viel Humor und Ironie seinen »Kampf ums Überleben« an einem Gymnasium, das er überraschend mit dem Abitur in der Tasche 1970 verlässt.

Er studiert Biologie und Sport für das Lehramt, hinterlässt an jedem Gymnasium seine musikalische Spur und bleibt in seiner Freizeit über fünfzig Jahre lang der Bühne treu.

Heute lebt er in Ettlingen.

»Music Was My First Love.«

Disclaimer

Manche Begriffe oder Handlungen, die in diesem Buch auftauchen, sind ein Produkt ihrer Zeit und somit in einem zeitlichen Kontext zu sehen.

Intro

Ich danke Max, Walter, Hans und Gerd für die Illusion, einmal weltberühmt zu werden.

Dank auch an Onkel Edwin. Ohne ihn hätte es The Lightning Stars so nicht gegeben.

Leider kann er das Buch nicht mehr lesen.

Kapitel I

Es war ein heißer Nachmittag im Juli und ich stand im Schatten der mächtigen Trauerweide, die schräg gegenüber dem Haus meiner Großeltern wuchs. Eigentlich umhüllten mich die tief herabhängenden Zweige des Baums wie eine grüne Glocke. Es roch modrig. Mit Ungeduld wartete ich an diesem Treffpunkt auf meine Freunde. Es waren gleichaltrige Jungs, die in meiner Nachbarschaft wohnten. Mit ihnen wollte ich mal wieder in die Schlacht ziehen. Wollte wieder im ungleichen Kampf meinen roten Brüdern gegen die Armee der weißen Unterdrücker und Eroberer beistehen. Der Schauplatz solcher Schlachten war jedoch nicht die weite Prärie Nordamerikas, sondern das kleine Wäldchen in der Nähe unseres Dorfes. Kiefern und Robinien bildeten die vorherrschenden Bäume in diesem kleinen Wald. Er war durchsetzt mit allerlei Büschen und Hecken, die eine hervorragende Deckung für unser Gefecht boten. In letzter Zeit richtete sich aber unser Kampf nicht gegen die Armee der Vereinigten Staaten von Amerika, sondern gegen die vier Jungs einer zugezogenen Familie, die mehr oder minder in unserem Alter waren. Sie wohnten vorübergehend in einem Bahnwärterhäuschen am Rand des Kiefernwäldchens, das durch die Bahnlinie durchschnitten wurde. Theo, unser Anführer, war ein brutaler Schläger und stets an der Front unserer kleinen Gruppe zu finden. Er hatte keine Angst und wurde von allen Jungs gefürchtet. Es kam oft vor, dass er mit einem Holzprügel, den er immer in seiner Hand trug, rücksichtslos auf andere einschlug. Er war jähzornig und mir höchst unsympathisch.

Ich wartete weiter unter der schattenspendenden Trauerweide, um der brütenden Sommerhitze zu entgehen. Eigentlich wäre jetzt Schwimmen am nahe gelegenen Baggersee viel schöner. Aber Theo hatte gerufen und so wollten wir uns heute treffen. Bisher zeigte sich niemand. Gelangweilt stand ich herum, als ich durch die hängenden Zweige des Baums ein grünes Herrenfahrrad um die Ecke rasen sah. Auf dem Fahrrad stand ein Junge in meinem Alter, vornübergebeugt in windschnittiger Stellung. Er war mir völlig unbekannt. Was mir auffiel, waren seine glatten grünen Lederhosen. Vor vielen Jahren musste ich auch Lederhosen tragen, aber die waren aus rauem graugrünem Leder. Sie hatten vorn einen großen Latz, den man an zwei Hirschhornknöpfen auf- oder zumachen konnte. Durchaus praktisch beim Weitpinkel-Wettbewerb mit meinen Freunden. Doch diese Knabenkluft war fast vergessen. Jetzt trug man stolz die begehrten Bluejeans. Das Fahrrad schoss in vollem Tempo das Tiefgestade in Richtung Baggersee hinab. Gekonnt nahm der Fahrer die steile Linkskurve in den Hof des letzten Hauses. Dort lag eine Schicht aus Kies und somit war dieses rasante Manöver nicht ungefährlich. Respekt!

Meine Freunde trotteten langsam ein, und in der Absicht, den Neuen aufzulauern, versteckten wir uns in den Furchen eines Spargelackers, der zwischen dem Wäldchen und dem Bahnwärterhäuschen lag. Doch es blieb ruhig und der Feind ließ sich an diesem Tag nicht blicken, was mir gerade recht war. Deshalb zogen wir uns zurück und der Vorschlag, den Rest des heißen Sommertags am Baggersee zu verbringen, wurde dankbar angenommen.

Es war eine schöne und beschauliche Zeit damals. Meine Eltern und ich wohnten in einer kleinen Wohnung mitten im Dorf. Vom ersten Stock aus konnte ich das Treiben in unserer Straße beobachten und verpasste kein Fußballspiel meiner Freunde. Die Matches fanden auf den großen Pflastersteinen der Straße statt. Das Ende eines solchen Spiels wurde nicht von einem Schiedsrichter bestimmt, sondern durch den Ruf meiner Mutter zum Abendessen. Ein eigenes Zimmer hatte ich nicht und schlief deshalb auf einer Couch im Wohnzimmer. Die Sommertage zu dieser Zeit waren oft sehr heiß. Manchmal, wenn die Hitze kaum zu ertragen war, schickte mich meine Mutter am Abend zu einer nahen Wirtschaft, um in einer ausgebeulten Blechkanne Bier zu holen. Es war ein kühlendes Zugeständnis an meinen Vater. Auf dem Weg zu dem alten Gasthaus nahm ich die Abkürzung durch einen Garten und eine Scheune. Das letzte Stück durch das halbverfallene Gebäude war mir, gerade in der Dämmerung, etwas unheimlich. Die Wände des Wirtshauses waren mit dunklem Holz versehen und gaben dem Raum eine düstere Atmosphäre. Auf diesen Holztafeln lag eine Patina aus Fett und Staub und es muffelte nach abgestandenem Bier und Schweiß. Die alte Wirtin, immer mit einem schwarzen langen Rock bekleidet, füllte meine Milchkanne zweckentfremdend mit Bier und beugte sich dann ächzend und mit schmerzverzerrtem Gesicht in den unteren Bereich der Theke. Dort öffnete sie ein Fach mit Trockeneis. Sie schlug mit einem Hackebeil ein Stück Eis ab und gab es in die Kanne. Der Eisbrocken schwamm wie ein kleiner Eisberg im weißen Bierschaum. Der Anblick erinnerte mich stets an eine Polarlandschaft. Eine gedankliche Abkühlung in der Hitze des Sommers. Nur die Eisbären fehlten, aber die gab es wohl auch nur in meiner Fantasie. Auf dem Heimweg schleuderte ich die Kanne am Henkel durch die Luft und freute mich, dass aufgrund der Zentrifugalkraft das Bier in der Kanne blieb. Zwischen meinen physikalisch ausgerichteten Darbietungen nahm ich immer wieder einen kräftigen Schluck aus der Kanne. Dadurch, dass das Eis auf dem Weg schmolz, wurde mein kleiner alkoholischer Wegzoll nicht sichtbar und ich schlenderte stets sehr langsam nach Hause. Ich sehe noch heute das Bild vor mir, wie mein Vater mit schweißbedecktem nackten Oberkörper gierig das Bier hinunterkippte.

Samstags wurde in einer großen Zinkwanne gebadet. Meine Mutter schürte einen Kessel, der in der Waschküche stand, um genügend warmes Wasser für die Wanne zu haben. Ich hatte das Privileg, als Erster zu baden, dann kam meine Mutter und zum Schluss mein Vater. Dazwischen wurde warmes Wasser in die Wanne nachgegossen. Anschließend wurde das Badewasser einfach in die Ablaufrinne vor dem Haus gekippt. Danach durften meine Tante und mein Onkel die Wanne benutzen, natürlich mit frischem Wasser. Sie wohnten im Erdgeschoss desselben Hauses. Ich wartete immer, bis meine

Tante an der Reihe war. Dann ging ich zur Toilette, die sich ganz hinten im Hof befand. Der Weg führte an der Waschküche vorbei und ich hoffte immer, dass ich meine Tante beim Baden beobachten konnte. Aber jedes Mal waren die Fensterscheiben beschlagen, und das war Pech.

Im Sommer wurde das wöchentliche Wannenbad an den Baggersee verlegt. Meine Mutter packte Seife und Shampoo in die Tasche, schnappte sich das alte Fahrrad und natürlich auch mich. So fuhren wir, der Gepäckträger war als Sitz sehr unbequem, zum Kiesloch, wie wir den Baggersee auch nannten. In der Rheinebene waren die tieferen Bodenschichten voller Kies, und sobald man diesen Kies herausbaggerte, entstand ein See, da der Grundwasserspiegel durch den Rhein sehr hoch war. Einige Besitzer dieser Baggerfirmen machten also mit Kies ihren Kies. Am See angekommen, wurde ich mit Kernseife von Kopf bis Fuß eingeseift. Gelangte die Seife in die Augen, so brannte dies fürchterlich. Danach kamen die Haare dran. Der anschließende Tauchsprung war sehr befreiend. Da ich am und im Wasser des Sees aufgewachsen bin, konnte ich schon sehr früh schwimmen und tauchen. Deshalb wurde ich über die vielen Jahre eine richtige Wasserratte. Das Sternbild des Wassermanns, in dem ich geboren wurde, tat sein Übriges. Nomen est omen!

Meine Tante hatte keine Kinder und so besaß ich zwei Mütter, was in manchen Situationen ganz praktisch war. Wenn es bei uns zum Essen ein Gericht gab, das ich nicht mochte, schaute ich bei meiner Tante vorbei. Gab es dort etwas Leckeres, so setzte ich mich an den Tisch und aß mit meiner Tante und meinem Onkel. Sie besaßen auch einen der ersten Fernseher im Dorf. So durfte ich manchmal nach etwas Bitten und Betteln vor die Glotze. Wurde ein Fußballspiel übertragen, so kamen die Männer der Nachbarschaft und das Wohnzimmer war überfüllt. Manche Nachbarn brachten sogar ihre Stühle mit.

Besonders am Samstagnachmittag lehnten die Leute sich auf einem Kissen aus dem Fenster und blickten zur Straße hinaus. Einige stellten ihre Stühle vor das Hoftor und hielten untereinander einen Plausch. Bemerkungen dazu kamen auch von den oberen Stockwerken. Es wurde viel erzählt und gelacht. Wir Jungs spielten Federball oder Fußball auf der Straße und so manch Erwachsener schwang mit uns den Schläger oder spielte mit uns den Ball. Der geringe Autoverkehr ließ dies ohne Gefahr zu. Das Kaffeetrinken wurde am Samstagnachmittag regelrecht zelebriert und oft hatte meine Mutter einen Kuchen gebacken. Manchmal sangen meine Eltern im Duett. Es waren Lieder aus der erst vor wenigen Jahren zu Ende gegangenen politischen Ära und die fest geschlossenen Reihen, die schwarzbraune Haselnuss oder das Polenmädchen wären heute als Liedgut ziemlich unangebracht. Oft lief das Radio und ein Unterhaltungsprogramm aus irgendeinem »großen Sendesaal« trug zur guten Stimmung bei. Eine friedliche Harmonie und Zufriedenheit lag über der Familie.

Manchmal kam meine Patentante aus der Großstadt zu Besuch. Sie wurde einmal von ihrer Freundin begleitet, mit der ich mein Bett teilen musste oder durfte. Ich hatte mich gleich in diese reife Frau verliebt. Es wurde eine wunderbare Nacht zwischen Traum und Wirklichkeit. In diesem Zustand wurde ich von dieser Frau in die Geheimnisse der Sexualität regelrecht eingeführt. Noch heute, nach so vielen Jahren, weckt ein dunkelblaues Sommerkleid mit großen weißen Punkten eine gewisse erotische Erinnerung und Stimmung in mir. Ich denke oft mit Wehmut an diese Nacht. Aber eine Wiederholung gab es leider nie mehr.

Das Dorf zählte in dieser Zeit gerade mal knapp zweitausend Einwohner.
Der allergrößte Teil dieser Bewohner war katholisch. Ich war protestantisch und lebte somit in der Diaspora. Meine Mutter war eine

tragende Säule der religiösen Minderheit und hatte sich bezüglich der Konfessionen einen trotzigen Stolz bewahrt. Kehrten unsere Nachbarn am Karfreitag die Straße, so wurden an Fronleichnam in unserem Hof lautstark die Teppiche geklopft. Aber sonst lebte man in Ruhe und Frieden zusammen. Aufgrund der großen Gottesgläubigkeit meiner Mutter musste ich fast jeden Sonntag in den Gottesdienst. In unserer kleinen Kirche saßen Frauen und Männer getrennt. Vom Altar her gesehen auf der rechten Seite die Frauen, links die Männer. In den vorderen Bänken waren die Plätze für die Kinder und Jugendlichen, natürlich auch in einer trennenden Anordnung bezüglich des Geschlechts. Sie sollten Gott wahrscheinlich ganz nahe sein. Für mich war der Gottesdienst außerordentlich langweilig, besonders wenn unser alter Dekan predigte. Er fand kein Ende. Sehnsüchtig wartete ich auf das erlösende Amen, das er immer in die Länge zog, als ob er damit nochmals Zeit schinden wollte, um seine Schäfchen in der Kirche zu halten. Nach jeder kleinen Pause erhoffte ich das Ameeen und somit das erlösende Ende. Die Interpretation von Gottes Worten erreichte mich schon bald nach dem Beginn der Predigt nicht mehr. Verstohlen blickte ich auf die andere Seite, und beim Anblick der Mädchen füllte sich mein Kopf mit unkeuschen Gedanken. Je mehr ich mich dagegen wehrte, umso erotischer wurden meine Fantasien. Ich hatte ein schlechtes Gewissen, schließlich befand ich mich im Hause Gottes. Aber der Teufel lag fast jeden Sonntag auch in der Kirche auf der Lauer und lenkte mich vom Prediger ab. Irgendwann rettete mich dann doch ein langgezogenes Amen vor der Hölle. Dieses langgezogene Amen kam in der Schule beim Religionsunterricht durch einen Klassenkameraden einmal zu früh und zu laut. Dieses fremdbestimmte vorlaute Ende kostete die Existenz eines Gesangbuchs, das ein erboster Mann Gottes auf dem Kopf dieses Schülers zerfledderte. So kam manch religiöses Wissen in und auf unsere Köpfe. Ab diesem Zeitpunkt wurde der Mitschüler zum Märtyrer und zu unserer Ikone glorifiziert. Jahrelang machte dieser Vorfall die Runde. In der Kirche kam es leider nie zu einem solchen Zwischenfall. Es hätte den langweiligen Gottesdienst zweifellos etwas aufgelockert.

Obwohl: An Heiligabend war die Länge der Predigt von einer gewissen Spannung begleitet. Der Pfarrer verfiel angesichts der vollen Kirche in eine besonders lange Predigt. Die Spannung brachten nicht die Worte Gottes, sondern das Abbrennen der Kerzen am Weihnachtsbaum. Die Flammen näherten sich jedes Mal bedrohlich den trockenen Zweigen. Mit Spannung wartete ich auf das Feuer und das Chaos, das in der Kirche ausbrechen würde. Ich war in freudiger Erwartung. Doch in all den Jahren kam das Ende der Predigt gerade noch rechtzeitig. Ich wurde wieder mal enttäuscht. In den letzten Jahren wurden von uns Jungs vor dem Gottesdienst Wetten abgeschlossen, ob es zum Brand kommt oder nicht. Die Kerzen heimlich zu kürzen wurde von den meisten meiner Freunde aus Gottesfurcht verworfen. So viel Macht wollte man dem Teufel doch nicht zugestehen.

Kapitel II

An einem Sonntag traf ich dann den Neuen auf der Kirchenbank, die uns geschlechtsspezifisch und altersgemäß zustand und uns näherbrachte. Er hatte seine kurzen Lederhosen in schwarze Stoffhosen getauscht. Die Langeweile umhüllte uns beide und beim Amen war nicht nur mein erlösendes Aufatmen zu hören. Das führte gleich zu einer gewissen Solidarität. Auf dem Kirchenvorplatz traf ich Maximilian. Er sprach hochdeutsch, was sich in vielen Bereichen noch nach Jahren als enormer Vorteil herausstellen sollte. Natürlich nannte ihn in unserer Gegend niemand Maximilian, sondern Max. Er war einen Monat jünger als ich und kam aus dem Harz, wo immer der auch lag. Seine schmale Gesichtsform erinnerte mich gleich an John Lennon und aus diesem Gesicht ragte eine große Nase hervor. Er war etwas größer als ich und von einer schlanken Körperfigur. Wie er die bei seinem mächtigen Appetit behielt, war mir immer schleierhaft. Endlich traf ich einen gleichaltrigen Jungen, der auch protestantisch war. Mit der Zeit wurde unser freundschaftliches Band immer fester. Wir teilten die Langeweile des Gottesdienstes und vielleicht so manchen unkeuschen Gedanken.

Neben der Kirche gab es einen Anbau, in dem das Jugendheim untergebracht war. Den Schlüssel dazu mussten wir bei Frau Riedel holen. Sie hauste zusammen mit vier Katzen in einem kleinen Haus gegenüber der Kirche, und jeder drückte sich, so gut es ging, den Schlüssel bei dieser alten Frau zu erbitten. Es war nicht einfach, da man jedes Mal eine Litanei von Fragen und Ermahnungen über sich ergehen lassen musste. Währenddessen drang der Gestank von Katzendreck dem Bittsteller in die Nase. Deshalb klopfte man lieber an die geschlossenen Fensterläden, um das Prozedere abzukürzen. Im Jugendheim stand eine alte Tischtennisplatte, die wir eifrig benutzten. Daneben waren in einem unverschlossenen Schrank der Messwein und der Talar des Pfarrers untergebracht. Klar, dass wir aus der zumeist offenen Flasche den Wein probierten, der für das Abendmahl gedacht war. Dabei mussten wir vorsichtig sein, dass nicht allzu viel von diesem sakralen Getränk getrunken wurde, da dies natürlich aufgefallen wäre. So rann so mancher Schluck vom Blute Christi noch vor der Konfirmation durch die Knabenkehle. Auch das Gewand des Predigers wurde angezogen. Aber das war eher hinderlich beim Tischtennisspielen.

Viele Monate später fand so manche heimliche Party im Jugendheim statt. Die Angst, dass Frau Riedel uns dabei erwischen könnte, war gegeben. Deshalb musste ein Junge immer Wache stehen. Wer das alte Grammofon organisierte, vermag ich nicht mehr zu sagen. Aber dieser vorzeitliche Plattenspieler ermöglichte uns den musikalischen Rahmen der Fete zu gestalten. Mit großer Besorgnis lieferte ich meine Beatles-Langspielplatte »With The Beatles« dieser Kreissäge aus. Ich spüre noch heute den Schmerz, wenn ich mich daran erinnere, wie die stumpfe große Nadel meine LP schändete. Aber was soll's? Die Belohnung waren die Lieder der Beatles.

Unsere Konfirmation rückte in die nahe Zukunft und zwei Jahre Vorbereitung in Form von Präparanden- und Konfirmantenunterricht lagen vor uns. So fuhren Max und ich gemeinsam mit den Rädern unserer Väter in die nahe gelegene Kleinstadt, wo wir auf Jungs trafen, die unser Schicksal teilten. Ein junger, jähzorniger Vikar war auserwählt, uns zu wertvollen Mitgliedern der Kirchengemeinde zu erziehen. Wir mussten beten, singen und Bibeltexte auswendig lernen. War der junge Gottesmann nicht zufrieden, so wurden das Gesangbuch und der Katechismus zu Waffen in den Händen des Gottesdieners. Er warf gern mit diesen zwei Elementen der christlichen Erziehung und manchmal flog auch sein Schlüsselbund auf einen armen Sünder zu. Gott sei Dank traf er selten und mir war klar, dass er als Junge beim Völkerball immer als Letzter einer Mannschaft zugeordnet wurde. War das vielleicht der Grund seiner geringen Frustrationstoleranz? Nun ja, die Missionierung wurde somit bei manchem mit körperlichen Schmerzen erkauft. Wir bekamen auch einen kleinen gelben Schein, auf dem der Nachweis des von uns besuchten Gottesdienstes am Sonntag durch einen Presbyter bestätigt werden sollte. Der älteste der Gemeindeväter hatte große Probleme mit den Augen und so gelang es uns manchmal, seine Unterschrift gleich auf zwei Bestätigungszeilen zu bekommen. Aber das flog irgendwann mal auf. So vergingen zwei zähe Jahre in meinem noch jungen Leben. Immerhin, ich hatte, was die Vorbereitung auf einen wahren Christen anging, einen Leidensgenossen.

Dann war es so weit. Der Konfirmationssonntag rückte für vier Jungs und zwei Mädels näher. Es galt jetzt nur noch diese lästige Fragerei im Festgottesdienst zu überstehen. Im völligen Stress kam es auf die Fragen des alten Dekans zu manch skurrilen Antworten, die der

Gottesmann mit viel Mühe und Interpretationsfähigkeit ins rechte Licht des Glaubens rücken
musste. Nach dieser Fragerei durften wir zum
ersten Mal zum Abendmahl und damit auch
Wein trinken. Nun ja, den Wein kannten wir
bereits. Der kleine Alkoholkonsum hatte jetzt
sogar den Segen der Kirche.

Zurück zur Konfirmation. Schon eine Woche
vorher wurde fleißig von meiner Mutter und
ihren Hilfskräften aus der Verwandtschaft gebacken und vorgekocht. Es gab zwar im Dorf
einen Koch, den man mieten konnte, aber meine
Eltern mussten sparen, denn man wollte in einigen Jahren ein Haus bauen.

Die Konfirmation wurde ein voller Erfolg. Ich
denke nicht an das biblische Gelage im Wohnzimmer, wo der junge Vikar und der alte Dekan
nicht fehlen durften, sondern an meine Geschenke. Weniger an die vielen Blumen, von
denen eigentlich meine Mutter profitierte, sondern an zwei Geschenke, die mein Leben verändern sollten. Das eine war eine alte Wandergitarre, die mir meine Patentante schenkte, und
das andere war die Beatles-Langspielplatte »With
The Beatles«, die Onkel Edwin in der PX der
Amerikaner in Frankfurt erstand. Sie gab es
noch nicht auf dem deutschen Markt. Das führte
dazu, dass ich im Schlafzimmer meiner Eltern
mit Gitarre und hochgeklapptem Hemdkragen

zu den Songs der Beatles als »Beatnik« vor dem großen dreigeteilten Spiegel posierte. Ich habe heute noch das Foto, das meinen ersten Schritt in eine neue Welt dokumentiert.

Ja, die »Beetles«, wie wir sie zunächst verstanden und schrieben. Sie waren musikalisch zu uns gekommen wie die grünen Männchen vom Mars. Ihre Musik hatte von mir Besitz ergriffen. Der Beat aus Liverpool wurde zum Herzschlag meines Lebens. Aber dazu später.

Doch ich hatte bereits Berührungspunkte mit der Musik.

Mit elf Jahren musste ich Schifferklavier lernen. Zum Klavier reichte das Geld nicht. Der Übungsraum befand sich im Gemeindehaus und jeden Mittwoch kam unser Musiklehrer aus der fünfzig Kilometer entfernten Stadt mit dem Zug in unser Dorf. Er war schwergewichtig und schwitzte ständig. Eine unglaublich dicke Brille ließ seine Augen seltsam klein erscheinen. Mein Instrument fiel deshalb aus dem Rahmen, da es von tiefroter Farbe war. Durchsetzt war diese außergewöhnliche Farbe von Perlmutt. Sein edles Aussehen stand in konträrem Gegensatz zur Motivation und dem Können seines Besitzers. Es war ein italienisches Fabrikat und mein Vater hatte es einem amerikanischen Offizier abgekauft. Das Instrument hätte eher in das italienische Viertel von New York gepasst als in unser Dorf. Mein Vater arbeitete zu dieser Zeit bei den Amis, wie wir die amerikanische Armee nannten, und dealte zeitweise mit unversteuerten Zigaretten. Ein lukratives Nebengeschäft. So stand unser neues Haus, das meine Eltern später bauten, teilweise auf einem kriminellen Fundament, was die Finanzierung anging. Die Polkas und Walzer, die ich auf diesem Instrument spielen musste, waren mir ein Gräuel und der Ausdruck der Musikalität meiner Mitspieler war für alle nur schwer zu ertragen. Ich kann mir vorstellen, dass unser Musiklehrer oft am Sinn seines Lebens zweifelte. Nur mit äußerster Mühe konnte ich diese Wanzenpresse, wie das Akkordeon despektierlich von meinem Onkel bezeichnet wurde, bedienen. Jedes Mal, wenn wir Besuch hatten, musste ich mein Akkordeon auspacken und den Leuten einen Walzer oder eine Polka vorspielen. Ich hoffte immer, dass mein Vater dieses musikalische Highlight vergessen würde. Aber kaum hatten die Gäste Platz genommen, bestand er darauf, das Können seines Sohnes vorzuführen. So wurde »Der schwarze Zigeuner« mein treuer, aber verhasster Wegbegleiter durch einen Abschnitt meiner noch jungen Lebensphase. Nicht selten trafen meine Finger eine falsche Taste. Es kam dann zu einer Dissonanz nicht nur zwischen den Tönen, sondern auch zwischen Vater und Sohn, die mit einem gekünstelten Husten meines Erziehungsberechtigten überbrückt wurde. Ich hasste solche Situationen, ich hasste das Akkordeon. Es war nicht nur schwer zu spielen, es war auch schwer zu transportieren. Ich musste den Koffer in die Rahmengabel des Damenfahrrads meiner Mutter stellen. So hielt ich das Musikinstrument mit der rechten Hand und den Lenker mit der linken. Ein schwieriges Unterfangen bis zum Proberaum und es kostete mich eine Menge Schweiß. Die Gruppe bestand am Anfang aus sieben mutigen Teilnehmern, die sich mehr oder minder musikalisch abmühten. Mit der Zeit wurde manchem klar, dass er sich auf dem Weg in eine musikalische Sackgasse befand. Und so dezimierte sich die Gruppe der nicht allzu talentierten Wanzenpresser. Am Schluss bestand die Gruppe nur noch aus zwei tapferen Schülern und dem Musiklehrer.

Ohne vorherige Ankündigung kam der Lehrer mit der dicken Brille nicht mehr. Wir saßen zu zweit im Proberaum und konnten unser Glück kaum fassen. Jahre später schätzte ich meine Kenntnisse im Notenlesen und in der Harmonielehre. Aber da war das Akkordeon längst vergessen. Da gab es ein anderes Instrument, das mein Leben bestimmte.

Die Gitarre hatte mich im Griff. Die Musik dazu, die mich im Innersten meiner Seele erfasste, kam ganz überraschend einige Monate vorher und ließ mich mein ganzes Leben nicht mehr los. In unserer Küche stand auf dem Schrank ein kleines Radiogerät. Der Standort war ziemlich ungünstig, da ich jedes Mal zur Bedienung auf einen Stuhl steigen musste. Das Gerät hatte drei helle Plastiktasten für Langwelle, Kurzwelle und Ultrakurzwelle. Neben dem Drehknopf für die Senderwahl befand sich ein magisches Auge zur Feinabstimmung der Empfangsqualität. Montagabends hörte ich oft die »Frankfurter Schlagerbörse«. Das Liedgut war immer in Deutsch und meistens schwamm wochenlang ein »knallrotes Gummiboot« vorbei. Aber auch im Stadtpark schalteten Rex Gildo und Gitte die »Laternen aus«. Na ja, es waren halt deutsche Schlager, die in dieser Hitparade über den Äther in unserer kleinen Küche ankamen.

Eines Abends geschah etwas, das mein Leben verändern sollte. Der Moderator der Sendung sagte eine englische Beatgruppe an, die den Namen »The Beatles« trug. Dann folgte der Titel: »I Wanna Hold Your Hand«. Die Musik traf mich wie eine Erleuchtung. Die Landung irgendwelcher außerirdischen Lebewesen hätte nicht eindrucksvoller sein können. Am Ende des Titels war mein Leben nicht mehr so, wie es vorher war. Und diese Veränderung sollte mich ein Leben lang beeinflussen. Kein Ereignis hat mich so geprägt wie diese neue Musik an jenem Abend.

Kapitel III

Mittlerweile waren Max und ich dicke Freunde. Das Leben in der Diaspora trug sicherlich dazu bei, aber vor allem der Beat aus Liverpool schweißte uns zusammen. Es war Zufall, dass die Schwester von Max eine Klampfe besaß. Die Musik der Beatles hatte uns im Griff, wir jedoch nicht die Gitarren. Da kam eine Kollegin von Max' Mutter im wahrsten Sinne des Wortes ins Spiel. Sie zeigte Max die Grundgriffe auf dem Instrument und Max erzählte, dass er gern auch bei ihr einige Griffe angewendet hätte. Sie war zwar nicht sehr hübsch, doch bei dem sexuellen Grundverlangen in der Pubertät trat der Phänotyp der Lehrerin in den Hintergrund. Es war zwar ein musikalischer Aspekt im Spiel, der aber von einem erotischen Rahmen begleitet wurde. Leider war Letzteres ziemlich einseitig. So kam es, dass Max und ich schon nach kurzer Zeit einige Akkorde auf der Gitarre spielen konnten. Doch es kam alles zunächst anders als gedacht.

Die Gottesgläubigkeit meiner Mutter machte meinem erhofften Ruhm erst einmal einen Strich durch die Rechnung. Die Empfehlung des alten Dekans, aus mir einen Pfarrer zu machen, erfüllte meine Mutter mit solchem Stolz, dass sie sich entschloss, mich in ein kirchliches Internat zu stecken. Die enorme finanzielle Belastung wurde in Kauf genommen. Da half mir auch nicht der Atheismus meines Vaters. Was folgte, war die Hölle. Ich bezeichne heute noch diesen Abschnitt meines Lebens als das »Grab meiner Jugend«. Das Internat lag in den Bergen und von meinem Fenster aus hatte ich einen Blick über die wunderschöne Landschaft, die sich um meine neue Schule ausbreitete. Im Mittelalter waren die Burgverliese nicht im Keller. Sie lagen im oberen Bereich der Burg, damit die Gefangenen durch einen herrlichen Blick in die Ferne sich jeden Tag ihrer Gefangenschaft noch stärker bewusst wurden. Dass sie ihre Freiheit nicht mehr nutzen konnten, wurde zur täglichen Qual und damit zur zusätzlichen Folter. Mein Verlies war das Zimmer im Internat. Mit strengem Regelwerk wurde die Ordnung und Sauberkeit des Zimmers überwacht, das ich mit drei Mitgefangenen teilte. Kein Fernseher, kein Radio, nichts. Die Lehrer und Erzieher waren sicherlich lange Jahre auf der Suche nach einer Anstellung und fanden am Schluss endlich eine Stelle in dieser Burg. Dieses unfähige Konglomerat an Pädagogik machte mir das Leben schwer. Die Schüler der Anfangsklassen waren die Sklaven in dieser Anstalt. Um sechs Uhr in der Früh wurden wir durch eine Glocke geweckt und mussten in die Waschräume. Danach gab es eine kleine Andacht und ein hagerer Erzieher mit einem langen Hals und einem gewaltigen Adamsapfel spielte auf einer Oboe »Lobet den Herren«. Mir fiel es sehr schwer, völlig übermüdet morgens um sieben den Herren zu loben. Das war jeden Tag ein schwieriges Unterfangen. Ich denke, der Herr hatte sicherlich Mitleid mit mir. Dazu stand die Oboe als Instrument in einem krassen Gegensatz zu den Elektrogitarren der Beatles. Das einzig Faszinierende war das Hüpfen des großen Kehlkopfs am Hals des Bläsers.

Der Start in den Tag war schon recht mühsam. Es blieb keine Zeit, darüber nachzudenken. Ich musste in die Mensa rennen und mit meinen Klassenkameraden den Frühstückstisch für circa dreihundert Schüler decken. Danach abräumen und ab in die Schule.

Neben Mathe und Latein lernten wir, wie man ein anständiger Christ wird. Ora et labora! Zum Mittag- und Abendessen wurden wir Anfängerchristen wieder zu profanen Handlangern des Küchenpersonals in der Mensa. Es hatte den Anschein, dass hier Sklavenarbeit immer noch legal war. Am Nachmittag gab es die Exerzitien und das Studium. Drei Stunden waren wir in unsere Aufgaben vertieft, durften weder reden noch auf die Toiletten. Die Stille und unser Eifer wurden durch die Erzieher, unter ihnen auch der Bläser, überwacht. Am Abend verwandelten wir uns wieder zum Küchenpersonal. In der Woche blieben nur wenige Stunden an Freizeit.

Ich litt an wahnsinnigem Heimweh. Die ersten acht Wochen durfte niemand besucht werden. Ich vermisste meine Familie, mein Dorf und besonders meine Freunde. Die Beatles hingen zwar über meinem Bett, mittlerweile hatten sich auch die Rolling Stones dazugesellt, aber von ihrer Musik keine Spur. Das Schlimme war, dass meine Eltern für den Aufenthalt in dieser christlichen Einrichtung eine Menge Geld bezahlen mussten. Deshalb suchte sich meine Mutter einen Job. Meine Eltern konnten mich nur selten besuchen, da sie sich kein Auto leisten konnten. Die Zeit verging recht zäh und mein Leiden wurde immer stärker. Es bedurfte dazu keines Kreuzes, denn das trug ich jeden Tag imaginär auf meinen Schultern. Auch meine Besuche bei den Eltern waren selten. Mein Zeitgeber wurde der Verschleiß von Toilettenpapier in der zweiten Kabine unserer Toilette. Ich konnte so nicht weiterleben.

Eines Tages, ich schleppte meinen Koffer vom Bahnhof des Nachbarstädtchens zu unserem Dorf, traf ich Max. Die Freude war überschwänglich. Wir sprachen natürlich über die Musik der Beatles und der Stones und sahen unser Projekt, eine Band zu gründen, allmählich schwinden. Es brach mir fast das Herz.

Wieder zurück im Internat, drohte ich meinen Eltern, aus der Schule abzuhauen. Ich wollte nach Hamburg und dort auf einem Schiff anheuern. Dass ich erst vierzehn Jahre alt war, störte mich nicht. An einem Herbstabend, es war schon dunkel, hielt ein roter Taunus 17-M vor meinem Haus, in dem ich im Internat untergebracht war. In einer Nacht-und-Nebel-Aktion wurde ich aus meinem Gefängnis befreit. Der Heimweg durch die mondhelle Nacht war ein Weg in die Freiheit, den ich nie vergessen werde. I'm free!

Nun ja, ich hätte eh keinen Pfarrer im Sinne der Kirche abgegeben. Jeden Sonntag zu Beginn und am Ende des Gottesdienstes auf der Orgel »A Whiter Shade Of Pale« oder »Gimme Some Lovin«. »Oh Happy Day« wäre als Kirchenlied noch durchgegangen, aber »Sympathy For The Devil« sicherlich nicht. Rechts neben der Kanzel das Bild von Che und links das Bild von Onkel Ho. In jedem Gottesdienst hätte ich die soziale Ungerechtigkeit der Welt an den Pranger gestellt. Ohne Rücksicht auf die Reichen und Mächtigen, die sich der Kirche als Instrument bemächtigten. Ich hätte das Kreuz der sozialen

Ungerechtigkeit bei jeder Predigt der Gemeinde entgegengeschleudert. Sicherlich hätten die Kirchenoberen mich nach kurzer Zeit von der Kanzel gestürzt.

Mit der Freiheit war es so eine Sache. Meine Mutter, enttäuscht, dass ich der Theologie nicht folgte, mein Vater, enttäuscht über meine schulischen Leistungen, beschlossen, mir »den Ernst des Lebens« zu zeigen. Mein Erzieher besorgte mir einen Job in der Fabrik, in der er arbeitete. So musste ich jeden Morgen und Abend mit der Bahn die achtzig Kilometer zur nächsten Großstadt zurücklegen. Da es Winter war, brach ich morgens in der Dunkelheit auf und kam in der Dämmerung abends wieder heim. Völlig überheizt und voller muffigem Gestank waren die Waggons des Bummelzugs. Jeden Morgen musste ich über eine Stunde diese Tortour ertragen. Oft stand ich von meinem Platz auf, um ihn älteren Menschen anzubieten. Das war kein Regen mehr, das war die Traufe.

Ich war der jüngste unter den Arbeitern und alle nannten mich »Student«. Trotz des Namens wurde ich zum Idioten der Kompanie. Manchmal musste ich unglaublich schwere Werkzeugkoffer sinnlos von A nach B tragen und meine »Kollegen« schüttelten sich vor Lachen. Solche Tests waren fast täglich an der Reihe. Einmal besuchte ich den Arbeitsplatz meines Vaters. Er war im Keller der Fabrik beschäftigt. Der Raum hatte einen festgestampften Boden aus Lehm und keine Fenster. Auf Förderbändern kamen Bahnen aus Glaswolle aus den lärmenden Maschinen und mussten von den Arbeitern auf eine bestimmte Länge geschnitten werden. Die feuchtheiße Luft muffelte und stank nach Schweiß. Die Männer arbeiteten mit nacktem Oberkörper, lange Messer in den Händen. Auf ihrer Haut klebten Fasern der Glaswolle. Manche Stellen waren aufgekratzt, da der Belag aus Schweiß und Glaswolle furchtbar juckte. Dieser Anblick erinnerte mich an die Galeerenszene im Film »Ben Hur«. Ich hatte danach einen Riesenrespekt vor meinem Vater, der jeden Tag so malochte. Aber er musste den finanziellen Grundstock für unser neues Haus verdienen. Nach wenigen Jahren steckte mein Vater diese schwere Arbeit und kehrte wieder zu den amerikanischen Streitkräften zurück. Sein Job bei den »Amis« war später für uns Jungs von unschätzbarem Vorteil. Er besorgte für uns den zu den Partys dringend benötigten amerikanischen Whisky in der Henkelflasche.

Die Wochen vergingen und ich war wieder mal unglücklich. Eines Tages stand ein Mitarbeiter des Ordnungsamts vor unserer Tür. Er machte meine Eltern darauf aufmerksam, dass ich ja schulpflichtig sei und bis zu meiner neuen Schulkarriere eine Klasse der Berufsschule besuchen müsse. Ich landete in einer reinen Mädchenklasse. Ja, ich war tatsächlich der einzige Junge. Das war wohl ein kleiner erfreulicher Aspekt in dieser Zeit. Doch keine Mitschülerin interessierte sich für mich. Eines Tages traf ich auf dem Heimweg im wieder mal völlig überfüllten Zug Inge. Sie war ein Mädchen aus meinem Dorf und ging in der nahe gelegenen Stadt auf ein Mädchengymnasium. Sie sah mir meinen Kummer an und berichtete, dass es in dieser Stadt ein Jungengymnasium gab, dem ein katholisches Internat angeschlossen war. Also das konfessionelle Pendant zu meinem ehemaligen Gefängnis. Aber es gab auch Klassen von sogenannten Fahrschülern, die nicht im Internat übernachten mussten. Voller Hoffnung kam ich zu Hause an und berichtete die Neuigkeit.

Eine Woche später nahm sich meine Mutter frei und besuchte mit mir den Leiter dieser Schule. Direktor Watzke hatte eine gutmütige Ausstrahlung und versprach, mich aufzunehmen. Die Versetzung in die nächsthöhere Klasse war aber abhängig von den Noten am Ende des doch schon fortgeschrittenen Schuljahres. Das Geld für die Schule war, da ich kein Internatsschüler wurde, relativ gering. Zwar wurde in der Sexta

Latein unterrichtet, aber meine Mitschüler hatten ein anderes Lehrbuch. Auch in Mathe war der Lehrplan anders gestaltet. So wurden die nächsten Wochen und Monate eine Zeit des Büffelns. Ich denke, dass in dieser Zeit der Grundstein meiner Gottesgläubigkeit gelegt wurde.

War ich wieder mal vom vielen Büffeln ausgelaugt, dachte ich an die Maloche in der Fabrik und lernte weiter. Der »Ernst des Lebens« hatte mich voll und ganz bekehrt. Wie durch ein Wunder, das sicherlich durch die pädagogische Gutmütigkeit meiner Lehrer beeinflusst wurde, schaffte ich am Ende des Schuljahres den Abschluss der Klasse. Die nächsten Jahre wurden zu einem steten Kampf ums Überleben, eigentlich ein stetiger Kampf um die Versetzung.

Kapitel IV

Die Musik der Beatniks aus England hatte überhaupt keinen guten Einfluss auf meine schulischen Leistungen. In unserer Wohnung gab es für mich noch kein eigenes Zimmer und so musste ich meine Hausaufgaben am Küchentisch und somit zwischen meiner Großmutter und meinen Tanten erledigen. Im Kreis der alten Frauen wurde das Kaffeetrinken am frühen Nachmittag zum Höhepunkt des Tages. Dabei lachten die alten Damen viel und erzählten lautstark ihre Geschichten, was meine Konzentration beim Arbeiten störte. Das braune Getränk aus Kaffeebohnen wurde regelrecht zelebriert. Der Stoff dazu kam von einer Rösterei in Hamburg. Mein Großvater musste in einer Kaffeemühle aus Holz die Bohnen von Hand mahlen. Natürlich durfte ich auch vom Kaffee trinken. Aber viel Zeit für die Hausaufgaben blieb dabei nicht. Kam es zu Einladungen meiner Großmutter bei Verwandten oder Bekannten, so war die Güte des Kaffees das Maß aller Dinge. Wurden die Erwartungen an die Güte des Kaffees nicht erfüllt, kam es zu jahrelanger sozialer Ächtung dieser »Muckefuck-Bagage«.

Ich liebte meine Großeltern sehr. Meine Großmutter führte matriarchalisch die Großfamilie
an. Egal, was meine Onkel wieder angestellt hatten, sie stellte sich immer schützend vor ihre
Söhne. Großvater war ein ruhiger, aber humor-
voller Mensch, der dieselben Witze immer und
immer wieder erzählte. Er arbeitete früher als
Brenner in einer Ziegelei. In seinen jungen Jahren hatte er dort einen Arbeitsunfall und war
seither gehbehindert. Meistens saß er in einem
großen ausgebleichten Korbsessel am Fenster
und las Westernromane. In Gedanken ritt er
wohl über die Weiten der Prärie und jagte als
Kopfgeldjäger die Schurken und Galgenvögel
von Montana bis Dakota. In Wirklichkeit trug er
kein Schießeisen, sondern fast immer schwarze
Breitcordhosen, die ihm bis zum Brustansatz
reichten und aufgrund ihrer Übergröße durch
Hosenträger abgesichert wurden. In den Lese-
pausen beobachtete er durch die Zweige eines
großen alten Fliederbaums, der vor dem Küchen-
fenster stand, die Leute auf der Straße. Obwohl
er nie eine weiterführende Schule besucht hatte,
war seine politische Bildung sehr gut. Als über-
zeugter und aktiver Sozialdemokrat lief er während des Dritten Reiches deshalb Gefahr, in
einem KZ zu landen. Nur die Intervention des
Bürgermeisters, der mit meiner Großmutter ver-
wandt war, und die fünf Kinder in der Familie

verhinderten den Transport in ein solches Lager. Mein Großvater war für mich ein Held und ist für mich ein Held geblieben. Ich sehe noch heute seine glänzenden Augen, wenn Herbert Wehner mal wieder eine Rede im Bundestag hielt. Jeden Tag verbrachte ich viel Zeit bei meinen Großeltern, da meine beiden Erziehungsberechtigten arbeiteten. Das Geld für ein eigenes Haus musste schließlich verdient werden. Immerhin sparten meine Eltern das viele Geld für ein Internat. So rückte der Bau des neuen Hauses immer näher.

Eines Tages, Max und ich lungerten mal wieder durch die Straßen, hörten wir hinter einem Hoftor Gitarrenklänge. Nun ja, es waren eher Dissonanzen als Akkorde. Verwundert öffneten wir vorsichtig das Tor und schauten in ein grinsendes Gesicht mit roten Pausbacken. Gerd, gleichaltrig, aber katholisch, war augenscheinlich auch von den Liedern der Beatles angesteckt und probierte zaghaft auf einer alten Gitarre den Sound zu kopieren, jedoch musikalisch meilenweit davon entfernt. Es gelang ihm noch nicht mal andeutungsweise, einen Akkord dem alten Instrument zu entlocken. Immerhin, wir trafen einen Seelenverwandten.

Gerd war von ausgeglichenem Charakter. Bei Streitigkeiten hielt er sich stets zurück und war so etwas wie ein ruhender Pol in der Gruppe. In den folgenden Wochen wurde fleißig geübt. Die Rollen waren bald verteilt. Max war John, Gerd war George und ich Paul. Ich hatte mich für Paul entschieden, obwohl ich keine Bassgitarre spielte. Die Proben fanden in einer Scheune statt. Zwischen einem Heizölfass und einem uralten Traktor, den man noch mit einer Handkurbel starten musste, probte das Trio, das irgendwann die Welt mit ihrer Musik erobern wollte.

Die Eltern von Gerd wohnten in einem kleinen Häuschen. Unser neuer Beatle hatte eine jüngere Schwester, die ständig auf der Lauer lag und unseren Frühwerken lauschte. Dies war uns lästig und so vertrieben wir unseren ersten Fan, wenn wir ihn bemerkten. Manchmal wurden wir bei den Proben von Gerds Vater gestört, der mit einer großen Kanne Heizöl aus dem Fass zapfte, um sein Auto zu betanken. Damals konnte man noch mit Heizöl fahren, eine enorme Ersparnis für alle Dieselfahrer. Solch profane Unterbrechungen störten unsere künstlerische Entwicklung. Jedes Mal schüttelte Gerds Vater verständnislos den Kopf beim Verlassen der Scheune. Er arbeitete in dem Werk eines bekannten Autoherstellers und fuhr natürlich auch diese Automarke, da er auf den Preis einen gehörigen Rabatt als Mitarbeiter bekam. Nach einem Jahr wurde das

Auto wieder als Jahreswagen mit Gewinn ver-
kauft. So erzielte der Vater einen zusätzlichen
Gewinn, der jedes Jahr sehr willkommen war.
Deshalb hütete er seinen Wagen mit größter
Sorgfalt. Selbst die Plastiküberzüge der Sitze
wurden nicht entfernt.

Die Wochen vergingen mit dem Üben neuer
Griffe. Die Lieder der Beatles und der Stones
wurde immer populärer. Doch zeigten die älteren Leute ihr Unverständnis über diese »Negermusik« mit heftigem Kopfschütteln und so
mancher abfälligen Bemerkung. Wir Jugendliche sogen aber den Sound auf wie trockene
Schwämme das Wasser. Der Beat wurde zum
Rhythmus unserer Körper.

Ich weiß bis heute nicht, wie es dazu kam, aber
eines Tages war ich glücklicher Besitzer eines
kleinen tragbaren Tonbandgeräts. Es war die
Zeit von »Rubber Soul« und ich spielte die Titel
der Beatles rauf und runter, besser gesagt vor
und zurück. Mit dem Tonbandgerät konnten wir
die Texte und Akkorde der Lieder abhören und
besser einüben. Es ging musikalisch schneller
voran. Einige Songs der Beatles, die wir spielen
konnten, hörten sich nicht schlecht an. Jedenfalls nach unserer Meinung. Während Gerd und
ich sangen, spielte Max die Soloparts. Die Rollen waren also verteilt. Wir sparten fleißig unser

Taschengeld, denn mit unseren alten Gitarren konnten wir nicht auftreten.

Ich war sofort in Maria verliebt. Ihre Eltern hatten ein Ausflugslokal außerhalb des Dorfes gemietet. So kam es, dass ich mich mit meinem Tonband abends auf den relativ langen Weg in die Kneipe machte. Es waren fast drei Kilometer bis zu meinem Ziel. Dort angekommen, bestellte ich eine Cola und wartete an einem Tisch in der Ecke auf meine große Liebe. Oft durfte sie nicht in die Gaststube und enttäuscht machte ich mich wieder auf den Heimweg. Manchmal gelang uns ein kurzes Treffen und ich war von ihr hingerissen. Der Heimweg durch die Dunkelheit war dann beschwingt und begleitet von der Musik auf meinem kleinen Tonbandgerät. Einmal wurde ich von einem heftigen Gewitter überrascht. Es machte mir nichts aus, denn ich hatte an diesem Abend wieder meine Maria getroffen, wenn auch nur für wenige Minuten. Sie war drei Jahre jünger und die Sorge ihrer Eltern um sie führte dazu, dass ich meine Liebste nur selten sah.

Meine Verliebtheit führte, trotz meiner jungen Jahre, zu manch körperlicher Stimulanz, aber nicht zu einer Verbesserung der schulischen Leistungen. Diese pendelten sich eh schon durch meine Musik auf ein gefährlich niedriges Niveau ein. So manch blauer Brief flatterte in unseren Briefkasten. Dann hielt mir mein Vater eine gehörige Predigt über das Leben auf dem Bau. Es fehlte aber am Ende immer das langgezogene Amen. Ja, ich führte in der Schule einen harten Kampf mit Vokabeln und Formeln. Sollte ich in der Lateinstunde mal wieder einen Satz übersetzen, sprach mein Lehrer von einer außergewöhnlichen Interpretationsfähigkeit. Es war für meine miese Leistung schon fast ein Lob. Die Klassenarbeiten wurden zumeist nach dem Notenranking zurückgegeben. Die besten Arbeiten kamen zuerst und wurden mit Lob versehen. Meine Werke waren unter den letzten. Wie sollte es auch anders sein? Aber ich hatte ja Großes vor mit der Band. Und da gab es noch meine Liebe zu Maria. So waren meine Hausaufgaben nur spärlich erledigt und manchmal fehlten sie ganz. Eigentlich wollte ich sie dann in der Bahn nachholen, aber das gelang so gut wie nie. Die Karten waren schon gemischt. Leon, der seit fünf Stationen im Zug saß, hatte nicht nur seine Hausaufgaben gemacht, sondern die Spielkarten für die Schafkopfrunden gemischt. An der nächsten Haltestelle stiegen die restlichen Spieler dazu. Es blieb also keine Zeit für die Unterrichtsvorbereitungen, sondern nur für das Kartenspiel. Schon am frühen Morgen wurde imaginär um hohe Einsätze gespielt und so manche Eltern verloren, ohne es zu bemerken, zu dieser frühen Stunde ihr Hab und Gut. Im Schulgebäude patrouillierte immer eine Lehrerin oder ein Lehrer durch Gänge und Räume, um zu verhindern, dass noch im letzten Moment die Hausaufgaben abgeschrieben wurden. So kam es, dass ich an vielen Tagen unvorbereitet in den Unterricht startete. In den Pausen zwischen den Stunden wurde wieder dem Kartenspiel gefrönt. Eine unserer Lieblingsbeschäftigungen war auch das Werfen mit nassen Schwämmen oder, noch besser, mit überreifen Bananenschalen. Klar, dass diese Wurfgeschosse üble Abdrücke an Kleidern und Wänden hinterließen. Unsere Klasse war bekannt für diese Wurfdisziplinen.

Eines Tages wurde das Kruzifix, das über der Tür hing, getroffen. Daraufhin schaute Direktor Watzke bei uns vorbei. Er öffnete die Tür nur einen Spalt, schob seinen Kopf herein und wackelte mit den Ohren. Er sagte dabei kein Wort. Es war bekannt, dass er diese rudimentäre Fähigkeit beherrschte, und es war aber auch bekannt, was dieses Zeichen bedeutete. Also musste die ganze Klasse nachsitzen.

Eine besonders mutige Herausforderung war das Werfen mit dem nassen Schwamm während des Unterrichts. Hufbein war unser Kunstlehrer. Er war von besonderem Kleinwuchs und hielt immer ein Lineal in der Hand. Streifte er durch die Bankreihen, so sah es aus, als würde sich das Periskop eines U-Boots zwischen den Schulbänken bewegen. Eines Tages mussten wir unser künstlerisches Talent in Form eines Aquarells nachweisen. Das fiel so manchem Mitschüler recht schwer. Besonders Karl, dem eisenharten Verteidiger in unserer Fußballmannschaft. Er war so weit entfernt von dem Ausdruck künstlerischer Begabung wie der Mond von der Erde. Hufi war mal wieder in seinem Vorbereitungsraum und die Gelegenheit, einen nassen Schwamm durch die Gegend zu werfen, war unwiderstehlich gegeben. Das nasse Geschoss flog dann auch durch die Luft und streifte das Werk von Karl, dem der Atem stockte. Unser Mitleid mit dem unglücklichen Kameraden war groß. Kurze Zeit später kam das Periskop in den Zeichensaal. Als es bei Karl vorbeikam, blieb es stehen. Wir duckten uns alle über unsere Werke und warteten gespannt die Reaktion des Kunsterziehers ab. Er fragte Karl, ob er das Aquarell allein angefertigt habe. Dieser beantwortete die Frage wahrheitsgemäß mit einem zögerlichen Ja. Da brach unser Kunsterzieher in eine mit Bewunderung gespickten Interpretation aus. Er hielt das Werk von Karl in die Höhe, damit wir uns ein Beispiel an dieser phänomenalen künstlerischen Ausdrucksfähigkeit nehmen sollten.

Wir waren total überrascht und Karl bekam bis zum Abi nur gute Noten in den bildenden Künsten. Was so ein nasser Schwamm ausmachen konnte! Es war übrigens das einzige Mal, dass ein nasser fliegender Schwamm eine solch konstruktive Einwirkung auf einen Schüler hatte.

Meine außerordentliche Interpretationsfähigkeit in Latein habe ich ja schon beschrieben. Leider waren meine Leistungen in Mathematik auch nicht frei von fantasievollem Gedankengut. Büchner war einige Jahre unser Mathelehrer. Aufgrund einer Kehlkopfoperation, war es dem Übermaß an Rauchen geschuldet oder eine Kriegsverletzung, wie manche Kameraden behaupteten, musste er sich immer ein Mikrofon an den Hals halten. Über einen Verstärker, der samt Lautsprecher an einem Schulterriemen hing, war eine metallisch klingende Sprache zu hören. Deshalb wurde er von uns »Robi« genannt. Brachte ein Schüler schlechte Leistungen, kam seine cholerische und aggressive Grundstimmung sofort zum Ausbruch und verwirklichte sich in einer lautstarken Tirade despektierlicher Schimpfwörter bezüglich seines unglücklichen Schutzbefohlenen. Solche Situationen waren gefürchtet. Einmal drohte er sogar unserem Klassenprimus und hielt ihm die Spitze des Zirkels an die Brust. Immer wenn er das Klassenzimmer betrat, duckten wir uns über unsere Bücher und machten uns so klein wie möglich. Jeder fürchtete, an der Tafel seine Schwächen in der Kunst der Zahlen und Formeln preisgeben zu müssen. Doch eines Tages half kein Ducken mehr und ich hörte mit Entsetzen meinen Namen. Die benachbarten Mitschüler atmeten erleichtert auf. Sie wünschten mir leise und mit großem Mitgefühl viel Glück auf dem Weg zur Tafel, man könnte auch sagen, auf dem Weg zur Hinrichtung. Denn eine solche spielte sich dann vor der Tafel ab. Der Strahlensatz, der gerade das Thema in Mathe war, wurde mir zunehmend zum Problem. Ich hatte keine Ahnung. Robi bekam zunehmend einen roten Kopf, was nichts Gutes bedeutete. Drehte er sich zur Tafel, wurde mir gestenreiche Hilfe von meinen Freunden zuteil, die ich in der Fülle jedoch nicht verstand. Mit jeder Minute entwickelte sich mein Leben zur Hölle. Büchner wurde immer zorniger und machte mich zunehmend zur Schnecke. Er bedauerte gerade meine Eltern, als mich das Klingeln zur Pause rettete. Niemals mehr, in meinem gesamten schulischen Leben, habe ich dieses Geräusch mehr geschätzt als in diesem Augenblick. Ich war gerettet, hatte aber eine glatte Sechs im Notenbuch von Büchner stehen.

Fräulein Müller war die jüngste Lehrerin im

Kollegium. Sie unterrichtete Französisch. Ein Schelm, der jetzt an etwas Anrüchiges denkt. Fräulein Müller war so um die dreißig, sah nicht besonders hübsch aus, hatte aber eine tolle Figur. Besonders ihre Beine waren von einem so schönen Format, wie man sie bei Frauen nur selten findet. Der Kopf, der zu diesen Beinen gehörte, war sich dessen bewusst. Fräulein Müller saß in den meisten Stunden in einem kurzen Rock mit überkreuzten Beinen auf dem Pult. Eine ungeheuer laszive Stellung für uns pubertierende Jungs und wir starrten sie die ganze Stunde unentwegt an. Man munkelte insgeheim, dass viele Kameraden die erste Bank in der mittleren Reihe durch Bestechung für die Französischstunde mieten wollten. Alle warteten während des Unterrichts auf einen Positionswechsel der Beine, der aber in einem unachtsamen Augenblick durchgeführt wurde. Sie trug häufig eine rumänische Folklorebluse, die mit einer dünnen roten Kordel am Brustansatz überkreuzt geschnürt war.

Fräulein Müller war eine gewissenhafte Lehrerin und überprüfte regelmäßig unsere Hausaufgaben. Sie beugte sich dazu über mein Heft und gab mir den Blick mit erektiler Konsequenz auf ihre ach so wunderschönen und wohlgeformten Brüste frei. In diesen Momenten hatte ich immer einen sehr trockenen Mund, einen Anstieg

der Herzfrequenz und leichte Fremdsprach-
störungen. In dieser für mich wundervollen
Zeit färbte sich meine Heftseite immer mehr
mit roter Farbe. War diese Farbe nicht auch die
Farbe der Erotik? Aber leider war die rote Farbe
in der Realität ein Hinweis auf meine fremd-
sprachliche Unfähigkeit. Das Wort »Schlamper«
sprach Fräulein Müller in einer Verruchtheit
aus, die mich hinderte, dem weiteren Verlauf
der Stunde zu folgen, und mich immer tiefer
in meine sexuell betonten Fantasien stürzte.
Dabei standen wir erst am Anfang der Stunde.
Ich hatte zwar ein Schlampermäppchen, aber darauf bezog sich sicherlich nicht ihr Ausdruck.
Oft stellte ich mir vor, dass ich in ihrem Garten den Rasen mähte und einen guten Kaffee
als Lohn bekam. Die anderen Wünsche möchte
ich hier lieber nicht weiter ausführen. Es blieben
Wünsche und Träume und mein Französisch
bis heute schlecht. Natürlich hatte dieser sexuell
betonte Rahmen des Französischunterrichts zu
dieser Zeit keine positiven Auswirkungen auf
meine Noten.

Frau Keller, unsere Geschichtslehrerin, trug
immer sehr enge Röcke. Dabei waren die Knöpfe
ihres Strumpfhalters gut sichtbar. Da sie aber im
fortgeschrittenen Alter war, wurde ich nur kurz
durch das Stoßen des Nachbararms abgelenkt.

Fräulein Müller traf ich übrigens nach fünfunddreißig Jahren wieder. Es war unser einziges Klassentreffen. Beim Anblick meiner ehemaligen Französischlehrerin erstarb jegliches sexuelle Begehren. Dass es keine Mädchen in unserer Schule gab, war für mich sicherlich von großem Vorteil. Sie wären wohl endgültig mein schulischer Untergang gewesen.

Kapitel V

Walter war aus unserem Dorf und ein verwöhntes Einzelkind, ganz so, wie man es sich vorstellt. Er hatte dunkle Haare und eine schöne braune Gesichtsfarbe. Ohne Zweifel war er der Beau in unserer Gruppe. Da er aber noch sehr jung war, konnte er bezüglich der Mädchen sein Kapital noch nicht einfahren. Seine Mutter las ihm jeden Wunsch von den Lippen ab und erfüllte ihm sofort sein Begehren. Walter besaß eine sehr schöne rot lackierte Gitarre und konnte schon relativ gut auf diesem Instrument spielen. Auch er wurde von der Musik aus England, die zu uns herüberschwappte, erfüllt. Aber er sang mit seiner schönen Stimme auch noch deutsche Schlager. Da war sicherlich der Einfluss seiner Mutter erkennbar. Immerhin war Walter, der drei Jahre jünger als ich war, eine große Bereicherung unserer Band. Seine Familie wohnte in einem sehr schönen Haus, in dessen Wohnzimmer sich nun auch John, Paul und George trafen. Es wurde stundenlang geprobt und unser Griffrepertoire hatte sich enorm erweitert. Aber wir spielten jetzt nicht nur englische Titel, sondern auch deutsche Schlager. Das war der Einfluss unseres neuen Bandmitglieds. Nun ja, mit der englischen Sprache war das so eine Sache. Gerd und Max gingen zwar auch auf ein Gymnasium, aber ihre Englischkenntnisse waren noch sehr lückenhaft. In meiner Schule wurde ja nur Latein und Französisch unterrichtet. So sangen wir die Texte in einer phonetischen Art und Weise, halt so, wie wir sie beim Abhören am Tonbandgerät verstanden hatten. Und das war weit weg von der englischen Sprache. Überhaupt war das Abhören der Lieder am Tonband sehr mühsam, und bald waren die Knöpfe und Schalter so ausgeleiert, dass man sie nur noch mit einigen Tricks bedienen konnte. Dabei fehlte oft das Geld für neue Batterien, die das kleine Gerät regelrecht verschlang. Aus Geldmangel konnten wir uns auch keine Platten kaufen. Gespart wurde ja, wie schon geschrieben, für neue Gitarren. Die Lieder wurden am Radio aufgenommen. Zu diesem Zweck hatte ich ein kleines weißes Mikrofon, welches am Tonbandgerät angeschlossen wurde und das ich vor den Lautsprecher unseres Musikschrankes im Wohnzimmer hielt. Kein leichtes Unterfangen, denn die Sprecher der Sender quatschten immer in die Musik hinein. So war es nicht einfach, den Anfang und den Schluss eines Songs ungestört aufzuzeichnen. Harte Arbeit. Obwohl ich das Mikrofon direkt vor den Lautsprecher hielt, waren auf so manchen Songs der Beatles auch Geräusche aus unserer Küche zu hören. Das klang wirklich störend zwischen der Musik von Paul und John. Zum Beispiel war ich wochenlang auf der Jagd nach »Mister Tambourine Man«, da meine Mutter immer wieder die Wohnzimmertür gerade im falschen Moment öffnete und mich zum Abendessen rief. Das verfälschte natürlich den musikalischen Genuss der Aufnahme. »Mister Tambourine Man« war wirklich ein wunderschöner Titel, jedoch wurde dieser Mann bei den ersten Aufnahmen immer zum Abendessen gerufen. Die Byrds machten diesen Titel bei uns bekannt. Sie wurden meine absolute Lieblingsband und daher opferte ich eine Menge Taschengeld und kaufte die erste Langspielplatte der Byrds meinem Mitschüler Rückert ab. Wir nannten ihn nie bei seinem Vornamen. Er war ein stiller Einzelgänger und der Einzige, der zu dieser Zeit in unserer Klasse schon lange Haare hatte. Dadurch wurde er zum Opfer unseres Sportlehrers, der in seinem Sportstudium sicherlich noch im Handgranaten-Weitwurf ausgebildet wurde. Rückert musste wegen den langen Haaren ein Haarnetz tragen. Es war eine Demütigung, die unser Lehrer ausgiebig genoss. Wir hatten Mitleid mit Rückert. Dienter war ein relativ beleibter Leibeserzieher und zeigte seinen üppigen Leib auch nackt, wenn er mit uns gemeinsam nach der Sportstunde duschte. Hinter seinem Rücken vollführten wir oft gestenreich obszöne Andeutungen über seine Körperstatur. Als wir Dienter ein Jahr als Französischlehrer bekamen, lernte er mich von einer anderen Seite kennen. Ich war wohl eine Enttäuschung für ihn. Denn die Diskrepanz bezüglich meiner Leistungen in Französisch und in Sport war kaum zu überbieten. Im Fach Sport hatte ich immer nur die Bestnote, in Französisch waren meine Kenntnisse durch den erotischen Einfluss von Fräulein Müller sehr rudimentär.

Viele Jahre später fing ich mit Chemie an der Uni an. Da ich die anorganische Chemie sehr langweilig fand, wechselte ich die Richtung meines Studiums und konzentrierte mich auf Biologie und Sport als Lehramtsfächer. Ich habe diese Wahl nie bereut.

Die Lieder der Byrds zu spielen, stellte uns vor große Herausforderungen. Wir hatten zwar jetzt Walter als Leadsinger, aber der melodiöse Gesang war recht schwierig. Wochenlang bissen wir uns an »Mister Tambourine Man« und »Turn, Turn, Turn« die Zähne aus, besser gesagt, spielten wir uns die Fingerkuppen der linken Hand wund. Aber allmählich bekamen wir an diesen Stellen eine schützende Hornhaut. Zu diesem Zeitpunkt hatten wir circa zehn Lieder in unserem Repertoire. Das sollte doch für einen ersten Auftritt reichen. Und der kam dann auch. Man schrieb das Jahr 1965. Die Mutter von Max unterrichtete Handarbeit. Und somit brachte sie Schülerinnen das Stricken, Nähen und andere hausfrauliche Fähigkeiten bei. Unser erstes Konzert fand in einer reinen Mädchenklasse statt. Die Überraschung sollte als Belohnung für gute Leistungen am Ende des Schuljahrs angesehen werden. Dass wir zu diesem Zeitpunkt noch keinen Schlagzeuger hatten, war nicht das Problem. Es waren die vier Gitarristen, die die Band bildeten. Die meisten Beatgruppen waren mit einer Solo-, einer Rhythmus- und einer Bassgitarre bestückt. Wir waren also, was die Gitarren anging, total überbesetzt und hatten zudem keinen Bassgitarristen. Was sollten wir tun? Ich möchte jetzt keine Namen nennen, aber wir beschlossen, dass Walter ab sofort nur noch auf den vier tiefsten Saiten spielen durfte. Er kam ja als Letzter zur Band. Das war eine große Strafe für das verwöhnte Söhnchen. Aber er schluckte die Kröte, schließlich wollte auch er einmal weltberühmt werden. So achteten wir peinlich genau auf seine Gitarre. Sie war immer im Blick. Wenn Walter wieder »aus Versehen« auf die hohen Saiten rutschte, wurde sofort abgebrochen. Es war nicht nur von der Disziplin her eine Herausforderung für den neuen Mann am Bass. Der Tag unseres ersten Konzerts rückte näher und wir wurden immer nervöser. Doch die Songs standen. Im benachbarten Dorf wurde in dem kleinen Nebenraum einer Wirtschaft gehäkelt und gestrickt. Die Mutter von Max hatte nichts verraten und so war das Staunen und die Freude groß, als wir mit unseren Instrumenten den Raum betraten. Zu diesem Zeitpunkt hatten wir weder Verstärker noch Mikrofone. Es war also ein Konzert ohne jede technische Hilfsmittel, heute würde man unplugged dazu sagen. Und es wurde ein Riesenerfolg. Zwar kreischten die Mädchen nicht, wie es bei den Beatles üblich war, obwohl es einige andeutungsweise versuchten, doch die Freude beim weiblichen Geschlecht war groß. Nach dem Gig standen wir mit den Mädchen noch in einer Ecke und genossen ihre Bewunderung. Walter war einige Male in die hohen Saiten abgerutscht, was wir heftig monierten. Doch wir fühlten uns auf der Straße des Ruhms.

Wie wir zu unserem Schlagzeuger kamen, fällt mir nicht mehr ein. Jedenfalls war Hans auch aus unserem Dorf. Spätestens jetzt sollte klar werden, warum ich einmal von einem Wunder schrieb. Dass sich fünf Jungs zu fast der gleichen Zeit in diesem kleinen Ort trafen, um musikalisch so wie die Beatles weltberühmt zu werden, grenzt an ein Wunder.

Kapitel VI

Hans war mit drei Jahren Abstand zu mir der Älteste und stand kurz vor der Führerscheinprüfung. Er besaß ein altes Schlagzeug mit einer riesigen Bassdrum, einer Hi-Hat und einer Snare. Es war von abgeblasster Perlmuttfarbe und hatte schon einige Jahre auf dem Buckel. Was soll's? Die Band war komplett. Wir probten zu dieser Zeit im Schuppen von Walters Großeltern. Es war ganz gut, dass beide ziemlich schlecht hörten. So stand das Schlagzeug von Hans zwischen Strohballen und wir auf verstaubten Dielenbrettern. Zwischen den Spalten konnten wir nach unten in den Schweinestall sehen. Nun ja, es waren nun wirklich nicht die Bretter, die die Welt bedeuteten. Aber das machte uns nichts aus. Und die Schweine waren ein dankbares Publikum, das manchmal beifällig grunzte.

Der Bau unseres Hauses rückte näher. Meine Mutter hatte sich in dieser Zeit ein Bein gebrochen und so fuhr mein Vater sie in einer Schubkarre durch die Gegend. Unsere Familie stand eindeutig unter dem Matriarchat meiner

Mutter. Sie kommandierte meinem Vater und bestimmte, was zu machen war. Trotz ihres Handicaps hatte sie die Bauleitung übernommen. Mein Erzieher machte gute Miene zum bösen Spiel, hätte aber manchmal am liebsten die Schubkarre mitsamt dem Inhalt in die Baugrube ausgekippt. Aber den Mut hatte er nicht. Zu einer Baustelle gehörte damals auch ein Werkzeugschuppen. Einer meiner Onkel hatte einige Zeit in einer Schreinerei gearbeitet und so wurde er, zusammen mit meinem Vater, zum Bau eines Schuppens ausgewählt. Vor Baubeginn wurde erst in der nahe gelegenen Wirtschaft auf das Vorhaben angestoßen. Am Ende waren die beiden Bauarbeiter ziemlich angetrunken. Als die Hütte fertig war, sah man die schädigenden Einwirkungen des Alkohols auf die Architektur. Ich nannte den Werkzeugschuppen Onkel Toms Hütte. Bei den Bauarbeiten des Hauses hielt ich mich raus und gab vor, unglaublich viel für die Schule zu lernen. Es war natürlich nur eine Ausrede, um mich vor der Maloche zu drücken. Meine schulischen Leistungen blieben unverändert schlecht.

Der erste Raum, der im neuen Haus fertig wurde, war die Kellerbar. Sie diente nicht nur zu den Partys, sondern wurde auch unser neuer Proberaum. Innerhalb des Raums gab es eine

Theke und dahinter, auf Glasregalen, standen diverse Getränke, auch der amerikanische Whisky in der Henkelflasche. Die Lampen im Raum leuchteten mit roten Birnen und verstrahlten den Hauch eines erotischen Etablissements. Eine Wand hatten wir mit Plakaten unserer Konzerte versehen. Das mittlerweile umfangreiche Equipment für die Band ergab bei Partys einen bombastischen Klang bezüglich der Musik. Dieser tolle Sound konnte sich mit jeder Disco messen. Darauf waren wir alle besonders stolz. Die Songs der Byrds liefen rauf und runter. Da ich im Heimvorteil war, konnte ich die Musik bestimmen. Hatte mal ein Junge keine Freundin in seiner Begleitung dabei, störte dieser oft mit einer unerwünschten Lightshow das Treiben im Dunkeln. Wurde nämlich das Licht plötzlich eingeschaltet, kam es zu überraschenden Szenen und wüstem Geschrei. Solch eine Störung stieß immer auf völliges Unverständnis.

In der Schule bekamen wir einen neuen Klassenlehrer. Schulze unterrichtete Deutsch und Geschichte. Es wurde eine lockere Zeit in diesen Fächern und Poldi, wie wir ihn nannten, avancierte zu unserem Lieblingslehrer. Montags in der ersten Stunde warf er seine Tasche geräuschvoll auf das Pult und beschwerte sich, dass die Woche wieder mal nicht vorbeiging. Diese Motivation ließ eine tiefe Solidarität mit seinen Schülern wachsen. Dass wir in Geschichte meistens unseren Schlaf nachholten, störte ihn nicht. Wahrscheinlich hätte er auch gern geschlafen. Manchmal kam er mit zwei verschiedenen Schuhen in den Unterricht. Wir fanden es toll und liebten Poldi über alles. Hatten wir Wandertag, so ging es immer in den nahe gelegenen Dom. Unterwegs verlor Poldi zumeist seine Schäfchen, die sich in die Kneipen, die auf dem Wanderweg lagen, verdrückten. Das beliebte Tischfußballspiel war wesentlich verlockender als das sakrale Ziel. So kam es, dass die Aufsichtspflicht unseres Klassenlehrers keine Bedeutung mehr hatte und er frohgemut nach Hause gehen konnte. Der Verlauf eines solchen Wandertags wurde am folgenden Schultag nie thematisiert. Aus der Reihe fiel ein Wandertag, an dem wir mit dem Bus unterwegs waren und eine Sektkellerei besuchten. Der Bezug zur Pädagogik war sehr schleierhaft. Natürlich durften wir keinen Sekt trinken. Poldi schon. Uns ging ein Licht auf. Wir wussten bald, warum er dieses Ziel ausgesucht hatte. Unter dem Vorwand, den Eltern ein Geschenk machen zu wollen, kauften einige Kameraden die ein oder andere Flasche des perlenden Getränks. Poldi bürgte bei dem Einkauf, da wir noch viel zu jung waren, um alkoholische Getränke erstehen zu dürfen. Na ja, wie man sich denken kann, erreichten die Geschenke nicht die Eltern. Es war nicht einfach, die Flaschen geräuschlos zu öffnen, aber das Motorengeräusch des Busses und ein solidarisches, konspiratives lautes Gelächter übertönten den Knall des Sektkorkens. Wir hatten bisher noch nie eine solch tolle Stimmung an einem Wandertag. Und es wurde viel gesungen.

In den folgenden Jahren führte unser Wanderweg wieder zum Dom, zumindest teilweise.

Die Band nahm Formen an und unser Repertoire vergrößerte sich von Woche zu Woche. Unser erstes Konzert mit der gesamten Formation fand im Tanzsaal einer Wirtschaft in unserem Dorf statt. Dieser Raum war geschichtsträchtig. Hier hatte ich als Kind schon meine Großmutter beim Kirchweihtanz kurz beobachten dürfen. Sie tanzte damals einen Rheinländer mit dem Nachbarn. In der Zeit zwischen den Veranstaltungen reiften in diesem Raum Salamiwürste und ganze Schinken, deren Geruch die Luft erfüllte. Der Anlass unseres Gigs war ein Fest des Fußballvereins. Wir hatten zwar noch keine eigenen Verstärker, aber immerhin ein Mikrofon, das über einen Röhrenverstärker, der vom Aussehen her sicherlich im Zweiten Weltkrieg in Amerika entstanden war, verstärkt wurde. Diese Anlage stellte der Veranstalter uns zur Verfügung.

Durch die Kühlungsschlitze sahen wir die glühenden Röhren. Es war der erste Verstärker, mit dem wir es zu tun hatten. Wir selbst waren auch in aufgeheizter Stimmung und hatten Lampenfieber. Jeder von uns trug zu dieser Gelegenheit eine schwarze Hose, ein weißes Hemd und eine schwarze Schleife am Hals. Stolz hingen wir uns unsere neuen Gitarren um, die wir über ein Versandhaus gekauft hatten. Wir wurden als Gesangsgruppe angesagt. Nach technischen Problemen mit dem Verstärker legten wir los. Es war ein großer Erfolg und die vielen Leute, die den Saal füllten, klatschten eifrig Beifall. Der Applaus war aber bei den deutschen Schlagern, die Walter mit viel Schmalz sang, eindeutig stärker als bei den Songs der Beatles und der Rolling Stones. Das trübte etwas unsere Stimmung, aber der Grund war uns letztendlich klar, da im Publikum hauptsächlich ältere Leute saßen. Gage bekamen wir nicht, aber Essen und Trinken waren frei. Das nützte hauptsächlich Max, der immer einen riesigen Appetit hatte.

Daheim bekam Max immer ein großes Stück Butterbrot, das er als Butterstulle bezeichnete, einen Ausdruck, den wir in unserer Region nicht kannten. Wir nannten ein solch übergroßes Stück Brot immer Keidel.

Meine Mutter buk fast jedes Wochenende Kuchen. Zumeist war es Apfelkuchen und im Spätsommer auch Zwetschgenkuchen.

Mein Vater und ich aßen, ohne meiner Mutter gegenüber einen positiven Kommentar abzugeben. Wenn Max zum Kaffee kam, brach er sofort in Komplimente aus, bezeichnete den Kuchen als Apfeltorte und lobte meine Mutter über alle Maßen. Diese war immer hingerissen und legte Max Stück für Stück auf seinen Teller. Noch nach Jahrzehnten backte sie zum Geburtstag von ihm eine Apfeltorte.

Max' Vater sah sehr gut aus. Als Förster, der er auch war, hätte er in jedem Heimatfilm eine gute Rolle gespielt.

Da auch das Erscheinungsbild der Beatles und Stones zu meinem Vorbild wurde, ließ ich meine Haare immer länger wachsen. Bald waren sie schulterlang, zum Leidwesen meines Onkels. Max hatte einen Friseur im Haus. Sein Vater bearbeitete mit der Schere das Haupt seines Sohnes. Das anschließende Ergebnis erinnerte in Form und Kürze an den modischen Haarschnitt einer Epoche, die gerade mal dreißig Jahre her war. Max sah aus wie Alfred Matzerath in der Blechtrommel. Optisch war er damit weit von John Lennon entfernt. John hatte keine so kurzen Haare und auch keinen so akkurat gezogenen Scheitel. Die Mutter meines Freundes war eine Matrone mit einer dicken Hornbrille. Sie saß meist im Wohnzimmer und strickte. In diesem Zimmer gab es ein großes Bücherregal, das voller Bildung war. So etwas gab es in unserer Wohnung nicht. Der Einzige in unserer Familie, der immerzu las, war mein Großvater. Aber die Westernromane bedeuteten literarisch gesehen keine Höhepunkte.

Walters Vater stellte bei der Bahn die Weichen für die Züge, die in den Bahnhof des Nachbarstädtchens einfuhren. Eine sehr verantwortungsvolle Arbeit. Einmal stellte er die Weichen für uns und arrangierte einen tollen Auftritt. Es war Weihnachtszeit und ungefähr zweitausend Eisenbahner feierten das Fest in einer großen Halle in der nächstgelegenen Stadt. Hinter der Bühne gab es Garderoben und alles war professionell organisiert. Plötzlich stand Camillo Felgen, Sänger und Moderator bei Radio Luxemburg, vor uns. Er war damals sehr bekannt und wir waren überrascht, wie aufgeschlossen er uns gegenüber war. Natürlich bemerkte er unser Lampenfieber und milderte es mit so manch wohlgemeintem Ratschlag. Dann ging es raus auf die Bühne. Der Saal war abgedunkelt und die Spots blendeten uns, sodass wir das Publikum nicht sahen. Bei diesem Konzert hatten wir noch unsere akustischen Gitarren und wurden über Mikrofone abgenommen. Als letztes Lied spielten wir wieder »Mein schönster Tanz« und Walter und ich gaben alles. Am Ende des Liedes war es einige Sekunden vollkommen still in der Halle. Dann aber brach ein tosender Applaus los. Wir waren überglücklich.

Die Band übte weiter und hatte schon eine kleine Fangemeinde. Max und ich wollten uns unbedingt elektrische Gitarren kaufen. Das Geld dazu sollte durch Arbeit während der Sommerferien verdient werden. In der Ziegelei am Rhein fanden wir einen Job. Mit schweren Hacken bewaffnet, sollten wir ein Gleis, das für den Lehmtransport gebraucht wurde, von Gras befreien. Es war eine knochenharte Maloche. Oft trafen wir mit den schweren Hacken die Schienen und ein Schmerz jagte durch den Arm bis zur Schulter. Dazu kam noch die Hitze der Sommertage. Wir beschlossen deshalb, ab und zu eine Pause einzulegen. Während wir im Gras lagen, fuhr der Besitzer der Ziegelei vorbei und entdeckte uns. Das war sehr peinlich. Der Stundenlohn für Hilfskräfte lag damals bei einer Mark und fünfzig Pfennigen. Wir hatten aber schon einiges gespart und schufteten über fünf Wochen. So kam es, dass wir am Ende der Ferien unsere E-Gitarren in den Händen, besser um die Schulter trugen. Ich kaufte mir eine Höfner-Gitarre.

Solche Gitarren besaßen zu diesem Zeitpunkt die »Lords« aus Berlin, eine Band, die in Deutschland berühmt war. Max entschied sich für eine blaue Eko-Gitarre. Es war eine etwas außergewöhnliche Elektrogitarre, nicht nur in der Farbe. Als wir die Gitarren kauften, drückten wir uns stundenlang in der Gitarrenabteilung eines großen Musikgeschäfts herum. Max probierte immer wieder verschiedene Gitarren aus. Ratlos ging es von einer Klampfe zur anderen. Schließlich beschlossen wir, wieder mit der Bahn heimzufahren. Doch im Bahnhof kam die Erleuchtung über Max. Die Eko sollte es sein. Also zurück und schließlich hielt Max seine blaue Gitarre in der Hand. Wir waren sehr stolz auf unseren neuen Besitz. Gerd zog nach einigen Wochen nach und erstand das gleiche Instrument, das ich vor einiger Zeit gekauft hatte. Walter blieb bei seiner halbakustischen Gitarre und übte fleißig Bassläufe auf den vier tiefsten Saiten. Zwar hatten wir nun E-Gitarren, aber spielen konnten wir nur über Verstärker. Und die hatten wir nicht.

Ein Kollege meines Vaters war Chauffeur eines amerikanischen Offiziers. Manchmal besuchte er uns mit einem riesigen Straßenkreuzer. Das Aufsehen in der Nachbarschaft war groß. Ich weiß bis heute nicht den Grund, warum mein

Nennonkel uns den weiteren Weg durch unsere musikalische Karriere ebnete. Er war selbst glühender Anhänger der Volksmusik. Und bei der Musik der »Egerländer« bekam er feuchte Augen. Weiter weg von den Beatles und den Rolling Stones konnte niemand sein. Trotzdem!

Onkel Edwin beobachtete unseren musikalischen Werdegang eigentlich nur aus der Ferne. Es war mal wieder Teil des schon so oft zitierten Wunders, dass er uns eine Musikanlage besorgte. Onkel Edwin ließ seine Beziehungen zu den Amerikanern spielen und erstand in der PX in Frankfurt die komplette technische Ausstattung für eine Band. Er kaufte eine Gesangsanlage der Marke Dynacord und einen Bass- und Echoking-Verstärker. Mikros und Mikroständer komplettierten das Equipment. Mit glänzenden Augen standen wir vor den Verstärkern und Boxen. Kabel und Stecker waren uns fremd und die Verbindungen der Komponenten am Anfang unklar. Johnny wohnte in unserem Dorf, war Elektriker und bei den Amerikanern beschäftigt. Er erklärte uns den Aufbau und die Verbindungen. Max übernahm von diesem Zeitpunkt an den technischen Aufbau der Anlage. Die Kosten waren für diese Zeit enorm und lagen bei umgerechnet über 3600 Mark. Unsere Eltern sollten dazu einen Vertrag unterschreiben, in dem sie für jeweils 900 Mark bürgten. Hans als Schlagzeuger war außen vor, da er keinen Verstärker brauchte. Es kam zu langen und hitzigen Diskussionen in allen Familien. Die Erzieher sahen in unseren Aktivitäten nur eine vorübergehende Laune, die sicherlich schon nach spätestens einem Jahr vorüber war. Wir Jungs ließen nicht nach und unsere Hartnäckigkeit überzeugte. Nur die Eltern von Gerd weigerten sich. Insgeheim fanden wir uns schon mit seinem Ausscheiden ab und ein Ersatzgitarrist stand bereit. In langen Gesprächen halfen wir Gerd, seinen Vater und seine Mutter umzustimmen. Endlich waren auch sie einverstanden. Walter bekam von seinen Eltern sogar noch eine Bassgitarre geschenkt. Innerhalb von wenigen Monaten taten wir einen wichtigen Schritt in die musikalische Zukunft, den wir hauptsächlich meinem Onkel verdankten. Seine Motivation blieb mir weiter verborgen.

In der Penne ging mein Kampf um das schulische Überleben weiter. Peter war ein Klassenkamerad und konnte toll Klavier spielen. Im Musikunterricht forderten wir oft eine kleine Kostprobe seines Könnens und manchmal ließ unser Musiklehrer ein Ständchen von Peter zu. Die klassischen Stücke gingen uns zwar am Ohr vorbei, die Hauptsache war der ohrenbetäubende Applaus am Ende der Darbietung, dessen Lautstärke sich durch das ganze Schulhaus ausbreitete. Mit übertriebenem Enthusiasmus feierten wir Peter. Unser Lehrer war vom Toben der Klasse nicht so erfreut. Rückert, der Junge mit den langen Haaren, hielt eines Tages ein Referat über den Song »Eight Miles High« von den Byrds. Das war etwas ganz Besonderes und selbst unser klassisch geprägter Musiklehrer war beeindruckt. Ich fand es toll, da ja die Byrds sowieso meine Lieblingsband waren. Ansonsten verlief der Musikunterricht für uns langweilig, und so mancher Mitschüler rutschte im Schlaf mit dem Ellbogen von der kleinen Schreibunterlage, die am Stuhl befestigt war. Beim Lesen der Partituren richteten wir uns beim Umblättern nach unserem Pädagogen. Einige blätterten überhaupt nicht um.

Kapitel VII

Im nahe gelegenen Nachbarstädtchen gab es alle zwei Wochen eine Veranstaltung, die sich »Jugendball« nannte. Für zwei Mark konnte man von 16 bis 22 Uhr in der Stadthalle Livemusik verschiedener Bands hören und auch zur Musik tanzen. Organisiert wurde dieses Event von der Tanzschule Buttmüller. Der Jugendball war eine tolle Werbeveranstaltung für die Tanzschule. So kam es, dass Jugendliche ab sechzehn Jahren alle zwei Wochen die Stadthalle füllten.

Die Short Shadows waren zu dieser Zeit die angesagte Band. Die Jungs, wesentlich älter als wir, spielten hervorragend die neuesten Songs der Hitparaden. Ihre Konzerte waren richtig professionell. Sie hatten sogar einen recht guten Pianisten. Da konnten wir nicht mithalten. Doch wir ließen uns nicht entmutigen. Schließlich hatten wir mit den neuen E-Gitarren, mit unserer Anlage und mit unserem Enthusiasmus alle Voraussetzungen, sogar den Beatles Konkurrenz zu machen. Das war wirklich unsere Absicht.

Eines Abends saßen wir zusammen und überlegten einen Namen für unsere Band. Letztendlich braucht jede Band einen Namen und wir wollten nicht wieder als Gesangsgruppe oder Kapelle angesagt werden. Unser Name sollte mit »The« anfangen, wie es zu dieser Zeit üblich war. Max schlug, nachdem wir lange diskutiert hatten, The Lightning Stars vor. Leuchten taten wir nicht und Stars waren wir auch nicht, noch nicht. Aber der Name gefiel uns. So wurden The Lightning Stars geboren.

Gerd kam eines Tages aufgeregt mit der lokalen Zeitung in der Hand bei mir an. In einem Artikel wurde ein Wettbewerb für Bands und Musiker angekündigt. Das Ereignis sollte in der Stadthalle stattfinden und eine große amerikanische Getränkefirma hatte für die Sieger einen Schallplattenvorvertrag ausgeschrieben. Wir beschlossen sofort, an der Veranstaltung teilzunehmen. Aus unserem Repertoire wählten wir »Wooly Bully« aus, einen Titel, der aktuell war und im Radio rauf und runter gespielt wurde. Der Tag der Entscheidung kam. Am frühen Nachmittag wurde die Reihenfolge unter den vierzehn Teilnehmern ausgelost. Wir hatten Glück und waren die zweitletzte Band. Die Short Shadows hatten es noch besser erwischt und kamen als Letzte dran. Ob bei der Auslosung alles mit rechten Dingen zuging, war fraglich. Die Halle platzte mit fast tausend Leuten aus allen Nähten. Unsere Fangemeinde war in den letzten Monaten nicht nur in unserem Dorf stetig angewachsen und die Jungs und Mädchen besorgten sich stapelweise Stimmzettel, deren Ergebnis über Sieg oder Niederlage entscheiden sollte. Noch vor unserem Auftritt waren fleißige Hände am Ausfüllen der Zettel in Aktion. Und überall stand ein Kreuz bei unserem Namen. Es gab mutige Mitbewerber. Ein Junge stand einsam auf der Bühne und spielte mit seinem Akkordeon. Ich fand ihn gut, hatte sogar etwas Mitleid mit ihm. Er sollte zwei Jahre später unser Organist werden. Mit pochendem Herzen standen wir hinter der Bühne und warteten mit enormem Lampenfieber auf unseren Auftritt. Die Stimmung im Saal war gut und als wir die Bühne betraten, brach ein großer Applaus los. Er wurde besonders durch unsere Freunde entfacht, die das fleißige Ausfüllen der Stimmzettel kurz unterbrachen. »Uno, due, tre, quattro«, zählte ich vor, und dann legten wir los. Vom ersten Takt an war das Publikum begeistert und der Funke sprang zu uns auf die Bühne über. Die Aktualität des Songs war bestimmt eine große Hilfe und viele Besucher sangen »Wooly Bully« mit. Das gab uns den Ansporn, alles zu geben. Am Ende tobte das Publikum. Wir verließen überglücklich die Bühne. Aber es kamen ja noch die Short Shadows. Und wie die kamen! Es war beeindruckend, wie sie einen Titel der

Beatles spielten. Das war der reine Wahnsinn und wir ließen am Ende ihrer Darbietung schon die Köpfe hängen. Der tosende Beifall des Publikums tat sein Übriges.

Wir hatten verloren. Die Shadows waren einfach zu gut. Enttäuscht erwarteten wir das Ergebnis des Wettbewerbs.

Als Herr Buttmüller ans Mikrofon trat und uns als Sieger verkündete, waren wir fassungslos. Es gab zwar vereinzelte Pfiffe aus der Fangemeinde der Short Shadows, aber das tat unserer Freude keinen Abbruch. Dass eine Menge der Stimmzettel mit dem gleichen X angekreuzt war, fiel niemand auf. Als Sieger mussten wir natürlich eine Zugabe spielen. Unsere Auswahl fiel auf »Mein schönster Tanz« von Bernd Spier.

Das Lied beginnt mit dem Text »Leise gehn im Saal die Lichter aus«, und tatsächlich löschte Buttmüller das Licht im Saal. Nur die Bühnenspots waren auf uns gerichtet und der Name The Lightning Stars bekam eine völlig neue Bedeutung. Ja, wir leuchteten, wir leuchteten voller Glück. Walter legte alles in seine schöne Stimme, und ich versuchte mit der zweiten Stimme, ihm nachzueifern. Am Ende des Lieds brach ein ungeheurer Beifall los. Die Leute klatschten fast eine Minute lang. Selbst die Fans der Mitbewerber hatten wir überzeugt. Das war der Durchbruch. Am übernächsten Tag veröffentlichte die lokale Presse einen Artikel über uns. Es gab sogar ein Bild in der Zeitung.

»Talente entdeckt«

Beim Jugendball der Tanzschule Buttmüller in der Stadthalle war ein Wettbewerb für jugendliche Sänger und Instrumentalgruppen ausgeschrieben, deren Prämierung das Publikum besorgte. Rund 1000 Besucher sahen und hörten über ein Dutzend Bewerber, von denen eine Gesangsgruppe aus S... die meisten Punkte bekam. Sie wird von der veranstaltenden Tanzschule einer Getränkefirma vorgeschlagen, die wiederum auf der Basis von Ausscheidungen versuchen will, ihr einen Schallplattenvertrag zu ermöglichen.

Leider wurden wir wieder als Gesangsgruppe betitelt und auf den Schallplattenvertrag warteten wir vergeblich. Buttmüller roch den Braten. Er überredete die Short Shadows, uns beim nächsten Jugendball in einer ihrer Setpausen eine musikalische Kostprobe zu erlauben. Und sie ließen es zu.

Also standen wir wieder auf der Bühne der Stadthalle, diesmal wesentlich selbstbewusster. Wir hatten wieder Erfolg. Wir sahen zwar noch zu den Kollegen der anderen Band auf, mussten den Kopf aber nicht mehr so sehr in den

Nacken nehmen. Die Short Shadows lächelten jovial über ihre neue Konkurrenz und knutschten ungeniert die Mädchen hinter dem Vorhang ab. Wir machten große Augen. An diese Möglichkeit hatten wir noch gar nicht gedacht. Unsere musikalischen Einlagen rückten immer mehr in den Mittelpunkt. Die Jungs und Mädchen kamen, um vor allem die Lightning Stars zu hören, und manches Mädchen auch, um uns Jungs zu sehen. Sie schmachteten uns richtiggehend an. Überall wurden wir bestaunt, und in der heimischen Eisdiele tuschelten die Mädchen, wenn sie uns sahen.

So konnte es weitergehen! Und es ging noch besser weiter. Mit der Zeit und mit zunehmendem Repertoire verdrängten wir die Short Shadows. So kam der Sonntag, an dem die Lightning Stars allein auf dem Jugendball spielten. Man zählte 719 zahlende Gäste. Frau Buttmüller saß elegant gekleidet am Eingang der Halle und kassierte ab. Das finanzielle Konzept von Buttmüller war aufgegangen. Da wir als Gage von ihm nur 150 Mark bekamen, beklagten wir uns über die niedrige Geldsumme. Er wies auf das halbe Hähnchen hin, das jedes Bandmitglied schließlich noch zum Essen bekam. Zudem waren die Getränke frei. Dann führte er noch die Saalmiete und die Kosten für die Plakate an. Also blieb es bei den

150 Mark für die ganze Band. Wir teilten das Los der berühmten Kollegen in England, die ebenfalls von den Managern in dieser Zeit finanziell ausgebeutet wurden. Immerhin nahmen wir das Plakatieren selbst in die Hand. Das Aufhängen unserer Plakate war immer eine lustige Sache. Hans, unser Schlagzeuger, besaß mittlerweile einen Führerschein und durfte den Ford Taunus seiner Eltern benutzen. Mit einem Packen von Plakaten zur Ankündigung des nächsten Jugendballs machten wir uns auf die Tour. Walter ging es schon nach fünf Kilometern schlecht. Obwohl er auf dem Beifahrersitz einen privilegierten Platz hatte, wurde er kreidebleich und kotzte aus dem Fenster. Je nachdem, wie wir gelaunt waren, fanden wir es lustig oder auch lästig. Jedenfalls machten wir ihn zum Gespött der Gruppe. Immer wieder musste Hans anhalten und Walter erbrach sich in den Straßengraben oder am nächsten Hoftor. Mit lauter Musik und so manch obszöner Geste den wenigen Frauen gegenüber, die mit ihrem Auto hinter uns herfuhren, ging die Runde weiter. Es war meist eine tolle Stimmung im Wagen und es wurde viel gelacht. Währenddessen saß Walter leidend auf seinem Platz. Wir beschlossen, dass er ein Kaugummi kauen musste, damit sein Mundgeruch sich im Wagen nicht so bemerkbar machte. Selten wurde die Erlaubnis zum Plakatieren

eingeholt. So fand mancher Hausbesitzer voller Überraschung ein Plakat von uns an seiner Hauswand oder an seinem Tor. Ich denke mal, dass viele Plakate gleich wieder entfernt wurden. Aber was soll's? Einige blieben hängen.

Wie schon geschrieben, war es die Zeit der Kellerbars und Partys. Fehlten zur Fete die nötigen Mädchen, so kam die Fähigkeit von Max, ein astreines Hochdeutsch zu sprechen, zum Tragen. Zusammen mit seinem außerordentlichen Charme, mit dem er schon meine Mutter bezirzte, ich denke dabei an die Apfeltorte, besuchte er die Mütter, deren Töchter für ein Gelage in Frage kamen. Als Traum von Schwiegersohn überredete er die ahnungslosen Frauen, ihr Einverständnis zu geben, damit sich ihr Kind mit uns Jungs treffen durfte. Der Rest der Band lungerte vor den Häusern herum und hielt die Daumen. Immer war das Bemühen von Max von Erfolg gekrönt und so durften die Töchter zu unseren Partys in den Vorhof der Venus.

Doch sein Charme wurde ihm einmal zum Verhängnis. Jeden Sommer veranstaltete der Fischerverein unseres Dorfes ein großes Fest im nahe gelegenen Wald. Hinter der Bühne wurde eine Bar aufgebaut und durch Schilfrohrmatten vor neugierigen Blicken abgeschirmt. Natürlich war das Betreten dieser Alkoholschänke nur für

Erwachsene erlaubt. Max hielt sich in der Nähe der Bar auf und wurde tatsächlich von einigen Frauen im reifen Alter zu einigen Schnäpschen eingeladen. Das ließ er sich nicht entgehen, und als ich ihn fand, war er total betrunken. Da es schon spät in der Nacht war, führte ich ihn nach Hause. Unterwegs lallte er wirres Zeug und streifte mit seiner Wange eine Hauswand. Die Folge war, dass seine Gesichtshälfte aufgeschürft wurde. Am nächsten Tag bot er ein Bild des Grauens und musste sich etwas einfallen lassen, um sein schlimmes Aussehen zu erklären. Aber ich kannte die wahre Geschichte.

Die Eltern von Birgit, einem Mädchen aus unserem Dorf, besaßen einen besonders schönen Partyraum. Klar, dass wir auf den Festen nicht fehlen durften, denn schließlich waren wir berühmte Musiker. So lagen wir mit den Mädchen auf den alten Sofas und bemächtigten uns ihrer Nähe. Leicht angetrunken wagten wir uns immer weiter vor. Zu dieser Zeit trugen die Mädchen hauptsächlich Röcke, die uns die Sache erleichterten. Aber es war auch die Zeit der »Sloggi Long Slips«, die uns einen Strich durch die Rechnung machten. Hauteng klebten sie förmlich an den Schenkeln. Es war unmöglich, die nackte Haut an den Stellen der Begierde zu berühren, es sei denn, man schnürte sich die Hand ab. Aber das machte auch keinen Spaß und so weit kam kein Junge. Also blieb nur erbarmungsloses Knutschen im Halbdunkel. Es war schade, dass ich manchmal, wenn eine Party angesagt war, keine Freundin hatte. Die Liaison mit Maria war lange schon beendet. Ihre Familie war umgezogen und wohnte weiter weg. Einmal suchten wir zu später Stunde unseren Gitarristen Gerd. Er war nirgends aufzufinden. Nach langem Umherirren fanden wir ihn schließlich stockbesoffen in der Wanne des Badezimmers. So leise wie möglich brachten wir ihn nach Hause. Im Hof kotzte er auf den neuen Jahreswagen seines Vaters.

Vor unseren Konzerten mussten wir die Verstärker und Boxen zum Ort der Veranstaltung transportieren. Bei den ersten Konzerten fuhr Hans mit dem alten Traktor und dem Anhänger von Gerds Vater in das Nachbarstädtchen zur Stadthalle. Es ging dabei zu wie auf einem Wagen beim Faschingsumzug. Grölend saßen wir im Anhänger und fuhren lautstark durch die Straßen. Aber so konnte es nicht weitergehen. Sollte bei Regen unsere Anlage nass werden, war die ganze Show und noch mehr vorbei. Max schloss sich bei den nächsten Transporten Hans an, der ja schon Auto fahren durfte, und Walter wurde von seinen Eltern chauffiert. Sie kamen am Ende der Veranstaltungen immer etwas früher und seine Mutter hörte mit Glanz in den Augen der

Stimme ihres Sohnes zu. Meine Eltern hatten kein Auto. So musste ich zusammen mit Gerd immer seinen Vater zum Transport überreden. Das war kein leichtes Unterfangen, denn sein Jahreswagen war ihm heilig. So wussten Gerd und ich wenige Stunden vor der Veranstaltung noch nicht, wie wir an den Ort unseres Gigs kommen sollten. Das war immer sehr nervig und im letzten Moment konnten wir Gerds Vater erweichen.

Vor dem Konzert mussten die Gitarren gestimmt werden. Da es noch keine elektronischen Stimmgeräte gab, arbeiteten wir mit Stimmpfeifchen. Dazu braucht man aber absolute Ruhe. Während der eine auf die richtige Stimmung seiner Gitarre konzentriert war, dudelte ein anderer auf seinem Instrument herum. Dazu testete Walter seine Stimme, die wieder mal heiser war, wie so oft. Der ganze Lärm hinter der Bühne führte zu einem Streit, der durch den dicken Bühnenvorhang dem Publikum gegenüber abgeschirmt wurde. Herr Buttmüller hatte wieder seine Lackschuhe an und hing schon am Seil, mit dem der riesige Vorhang geöffnet werden konnte. Der Streit steigerte sich immer mehr. Unser Opener im Repertoir war »Moonshot« von den Spotnicks. Dazu spielte Max eine kurze Abfolge allein auf seiner Gitarre vor, bevor die ganze Band einsetzen musste. So kam es manchmal vor, dass unser Sologitarrist mitten in unserem Streit loslegte und uns in den wenigen Sekunden nichts anderes übrigblieb, als gleich in das Stück einzustimmen. Dazu kam, dass Buttmüller beim Einsatz von Max den Vorhang öffnete. Nach dem Motto »The show must go on« war der Jugendball eröffnet und wir lächelten voller Harmonie ins Publikum.

Die Veranstaltungen fanden oft auch in den Tanzsälen der Gaststätten umliegender Dörfer statt. Unsere Fangemeinde war beträchtlich angewachsen und ein paar Freunde bastelten an einem »Kurzschlussstecker«. Ihnen war das gockelhafte Auftreten von Buttmüller ein Dorn im Auge. Er monierte auch des Öfteren das Abknutschen von Mädchen auf der Tanzfläche. Deshalb verursachten einige Jungs mitten in unserem Spielen einen Kurzschluss. Die Entrüstung des Lackschuhträgers war ihnen der Spaß wert. Diese Spielchen hatten mehrere Wiederholungen, und erst nach der Drohung, die Veranstaltung abzubrechen, gaben die Jungs Ruhe. Die häufigen Stromausfälle waren natürlich nicht gut für unsere Röhrenverstärker. Aber wir lachten über die Entrüstung unseres Veranstalters mit, hinter vorgehaltener Hand. Wenn einer unserer Kumpel sich bei langsamen Songs zu stark seiner Tanzpartnerin näherte, wiesen wir ihn durch das Mikro zurecht. Das machte uns großen Spaß und war so etwas wie die Rache für die Stromausfälle.

Was Mädchen betraf, so hatten wir ein Agreement. Keine weiblichen Personen auf oder hinter der Bühne. Es gab also kein wildes Knutschen an diesem Ort, so wie es die Shadows betrieben. Warum wir uns diese Einschränkung auferlegten, ist mir bis heute schleierhaft. Unsere weiblichen Fans durften nur bis zum Nebenraum der Bühne vorstoßen. Dieser Raum war mit Geräten für das Turnen vollgestopft. So hingen wir in den Setpausen zwischen den Barrenholmen oder saßen auf polsterbezogenen Kästen. Es roch nach Jungenschweiß. Trotz der ungemütlichen Atmosphäre kam es doch hin und wieder zu Annäherungen an die Mädchen in Form von Knutschen. Wir mussten jedoch immer auf der Hut sein, denn Buttmüller konnte unvermutet auftauchen.

Hermann war der Sohn eines Gärtners und wohnte auch in unserem Dorf. Obwohl viele Jahre älter als wir, war er ständig im Kreis unserer Band anzutreffen. Seinen Sprachfehler fanden alle lustig und hinter seinem Rücken wurde er nachgeäfft. Er besaß ein Schlagzeug, das besser bestückt war als die Schießbude von Hans. Man merkte ihm an, dass er liebend gern in der

Band gespielt hätte. Aber wir hatten ja Hans und der beherrschte sein Instrument besser als Hermann. Die Gärtnerei von Hermanns Vaters lag im Tiefgestade am Altrhein und dadurch außerhalb vom Dorf. Das war ein idealer Ort für manche Probe, aber auch für eine lautstarke Party. In einem kleinen Häuschen gab es sogar einen Verstärker. Warum sich das Gerät dort befand, war mir immer ein Rätsel. Es war ein ähnliches Monstrum wie der Verstärker bei unserem ersten Auftritt. Zwischen den Lüftungsschlitzen konnte man auch die brennenden Röhren mit ihrem bläulichen Licht erkennen. Oft kam es vor, dass wir einen elektrischen Schlag abbekamen oder irgendwelche Sicherungen durchbrannten. Es war eine wilde Zeit und die Partys waren legendär. Viele Jahre später spielte ich eine kurze Zeit in der gleichen Band wie Hermann. Dieser hatte sich zu einem absoluten Schürzenjäger entwickelt. Kein Rock war vor ihm sicher. Ein Gig bleibt mir stets in Erinnerung. Wir spielten in einem kleinen Pub und an der Bar saß die neue Freundin von Hermann. Er hatte sie mir vor Beginn stolz vorgestellt. Das Konzert lief schon über eine Stunde und mitten im Lied musste ich feststellen, dass die Begleitung des Schlagzeugs fehlte. Erstaunt drehte ich mich vom Mikrofon weg und blickte hinter mich. Ich sah ein offenes Fenster und Hermann, der gerade in sein Auto sprang. Ich war mehr als erstaunt. Wir spielten den Song ohne Schlagzeuger zu Ende und machten eine kleine Pause. Noch immer war ich völlig verwundert. Doch bald klärte sich dieser Vorfall auf. An der Eingangstür, bei der Kasse, stand die bisherige Partnerin von Hermann. Sie kam auf mich zu und fragte nach ihrem Freund. Konsterniert erklärte ich, dass er ganz plötzlich furchtbare Kopfschmerzen bekam und zur nächstoffenen Apotheke unterwegs sei. Leider konnte ich mich mit unserem Schlagzeuger nicht weiter absprechen, da es zu dieser Zeit noch keine Handys gab. Wie die Geschichte endete, weiß ich nicht mehr. Aber Hermann war bisher viermal verheiratet. Ich erinnere mich noch heute an diesen Fenstersprung. Glück, dass die Kneipe im Erdgeschoss lag.

Kapitel VIII

Im Nachbarstädtchen gab es unter der katholischen Kirche einen Jugendraum. Ich spielte gern in diesem alten Steingewölbe der Krypta, denn es herrschte eine ganz besondere Stimmung. Zu dieser Zeit saß unser Schlagzeuger Hans auf einem Podest, ganz wie Ringo Starr bei den Beatles. Mitten im Song hörten wir plötzlich ein Schreien. Ich drehte mich um, sah in die erschrockenen Augen von Hans und bemerkte, dass sein Podest gefährlich schwankte. Mitsamt dem Schlagzeug stürzte er hinter uns auf den Boden. Das Becken seiner Schießbude durchschlug mit einem lauten Tusch die elektrische Hauptleitung. Augenblicklich war es im Raum dunkel. Man hörte nur das zögerliche Schreien der Mädchen. Anscheinend nutzten einige Jungs diese tolle Gelegenheit aus, um ihren Freundinnen an die Wäsche, sprich unter die Röcke zu gehen. Buttmüller irrte durch den dunklen Raum und war sich seiner Aufsichtspflicht mehr als bewusst. Nach kurzer Zeit wurde eine neue Zuleitung gelegt und wir rockten weiter.

Der Sprung im Plastikendstück von Max' Gitarrenvibrator erinnert mich an eine Geschichte mit Sabrina. Einen kleinen Hebel, vom Gitarrensteg abgehend, besitzen fast alle Elektrogitarren. Durch die Betätigung des Vibrators nach oben oder unten lassen sich die gespielten Saiten, sprich Töne, ziehen. Bedient man sehr intensiv den Vibrator, so ähnelt der Sound eher einem Gejaule. Max beherrschte den Vibrator an seiner Gitarre perfekt und gab seinen Instrumentalnummern damit einen tollen Klang. Ich ziehe die Saiten mit den Fingern und nicht mit dem Vibrator, den ich schon früh von meiner Gitarre abgeschraubt habe. Heute ziehen die meisten Gitarristen die Saiten mit den Fingern.

Sabrina war das heißeste Mädchen im Dorf und zu allem bereit. Wir wohnten noch mitten im Ort und meine Eltern waren unterwegs. Die Wohnung stand also leer. Eines Tages hatten wir unser Taschengeld zusammengelegt und von einem älteren Kumpel eine halbe Flasche Kirschwasser gekauft. Nach der Probe wollten wir das Getränk in unserer Wohnung genießen. Auf dem Weg trafen wir Sabrina. Als sie von unserem Vorhaben hörte, schloss sie sich uns gleich an. Sie hatte seit Monaten ein Auge auf Walter geworfen. Leise schlichen wir uns in der Dunkelheit ins Haus. Im Erdgeschoss wohnte meine Tante, die von unserem Vorhaben nichts wissen durfte. Max stellte seine Eko-Gitarre in eine Ecke. Er wollte sie nicht in der Dunkelheit die steile Treppe hochschleppen. In der Küche verteilte ich das Kirschwasser. Natürlich bekam Sabrina auch einen Anteil. Der Inhalt der Flasche nahm ab, die Stimmung zu. Plötzlich stand Sabrina auf, ging auf Walter los und knutschte ihn ab. Dieser war völlig überrascht und nahm Sabrina in die Arme. Da mussten wir alle laut lachen und ich befürchtete schon, dass meine Tante etwas gehört hätte. Doch dem war nicht so. Mit unterdrücktem Gekicher traten wir den Rückzug an. Und da geschah es. Am Ende der Treppe stieß Sabrina im Dunkeln an die Gitarre von Max, die mit einem Schlag auf dem Boden landete. Der »Akkord«, der von Max' Instrument ausging, kam später als Intro des Songs »A Hard Day's Night« bei den Beatles vor. Wahrscheinlich fiel bei ihnen auch mal eine Gitarre um, nachdem sie Kirschwasser getrunken hatten. Uns stockte der Atem. Nicht so sehr wegen meiner Tante, sondern wegen der Gitarre von Max. Wir marschierten gleich in den Schuppen von Walters Oma, wo die Verstärker standen. Mit großer Erleichterung stellten wir fest, dass die Eko keinen Schaden davongetragen hatte. Nur der Endknopf des Vibrators hatte einen Sprung. Dieser kleine Schaden erinnerte uns noch jahrelang an das kleine Abenteuer mit Sabrina.

In der Schule war ich mit meinen schlechten Noten nicht so erfolgreich wie mit den Noten in der Musik. Bei einer Französisch-Nacherzählung verstand ich nur ein Wort, und das war »Moulin«. Was es mit der Mühle auf sich hatte, war mir ein Rätsel. Das erste Mal in meiner schulischen Karriere machte ich auf krank. Ich krümmte mich in der Bank und versuchte das Mitleid von Fräulein Müller zu erregen. Sie fiel auch darauf rein und entließ mich aus dem Unterricht. Ich fuhr mit dem Zug heim und legte mich ins Bett, um das Theater auch noch meinen Eltern vorzuspielen. Ich hatte ein ziemlich schlechtes Gewissen.

In der Faschingszeit schlugen wir unserem Lieblingslehrer Poldi eine Party in der Turnhalle vor. Wir luden noch unsere Parallelklasse aus dem Internat ein. Die armen Hunde sollten auch ihren Spaß haben. Aber wie kamen wir an die Mädchen? Als reine Jungenschule war das eine wichtige Frage. Poldi selbst schlug vor, mit der Direktorin des benachbarten Mädchengymnasiums zu sprechen, um eventuell das Problem zu lösen. Was für ein toller Lehrer er doch war! Und es gelang. Die Mädchen durften zu unserer Party kommen. Ich versprach, dass die Lightning Stars für die Musik und die nötige Stimmung sorgen würden.

Tatsächlich bauten wir am Tag der Veranstaltung unsere Anlage in der Turnhalle auf und rockten drauflos. Die Stimmung war großartig. Derweil hatten wir kaum Kontakt zu den Mädchen, da wir ja spielten. Aber das machte uns nichts aus. Wir sonnten uns in der Bewunderung der Mädchen und Jungs. Aus der Erfahrung heraus möchte ich an dieser Stelle einmal klarstellen, dass es für Musiker nicht so einfach ist, an ein Mädchen zu kommen. Da ist ein guter Tänzer in einem enormen Vorteil. Was soll die Bewunderung eines Mädchens für den Musiker, wenn sie in den Armen eines guten Tänzers liegt? Er wird sie letztlich für sich gewinnen.

Auf der Fete waren sogar Lehrer und Lehrerinnen anwesend. Und so lernten einige Pädagogen mich von einer völlig anderen Seite kennen und staunten. Fräulein Müller war leider nicht da, und so verpasste ich die Chance, einmal ihren Rasen mähen zu dürfen. Das war schade. Die Heimschüler aus dem Internat machten fleißig Stimmung und waren froh über die Einladung. So wuchsen durch die Party so manche Freundschaften unter uns Jungs der verschiedenen Klassen. Es kam sogar vor, dass einige Fahrschüler, darunter auch meine Person, heimlich im Internat übernachteten. Unter der Bettdecke hörten wir die Hits auf Radio Luxemburg. Erinnerungen an Camillo Felgen wurden wach.

Manchmal dachte ich an meine kurze Zeit im Internat und war heilfroh über meine Entscheidung.

Obwohl, die tägliche Zugfahrt war auch eine Tortour. Besonders im Herbst und Winter war es morgens auf dem zugigen Bahnsteig sehr kalt und das Warten auf die Bahn recht ungemütlich. Ich habe ja schon von unserer Kartenrunde geschrieben. Sie war nicht nur am Morgen im Zug und nicht nur in den Stundenpausen aktiv. Besonders nach Beendigung des Unterrichts waren wir eifrig am Spielen. Die Runde traf sich in der Bahnhofswirtschaft. Eigentlich sollten wir auf den Zug nach Hause warten. Dieses Warten trat immer mehr durch das Kartenspiel in den Hintergrund und so mancher Zug verließ ohne uns den Bahnhof. Zudem musste ich fast immer eine Station vor unserem Dorf im Nachbarstädtchen aussteigen und auf den nächsten Zug warten. In dieser Bahnhofskneipe gab es eine Musikbox und »Pretty Woman« war nicht nur pretty, sondern kostete auch einen großen Teil meines Taschengeldes. Immerhin leistete mir diese hübsche Frau Gesellschaft beim Warten auf den Anschlusszug. Da ich dann erst recht spät zu Hause eintraf, blieb kaum Zeit mehr für die Hausaufgaben. Also dann morgen im Zug?

Ich weiß nicht mehr, wer mich verraten hatte, aber Buttmüller erfuhr von meinen Künsten auf dem Schifferklavier. Als Tanzlehrer war er sofort begeistert. Ich sollte bei unseren Konzerten drei oder vier Stücke auf meinem Akkordeon zum Besten geben. Es musste unbedingt auch ein Walzer sein. Ich weigerte mich vehement, aber Buttmüller erpresste die Band. Entweder eine Akkordeonrunde oder keine Konzerte mehr. So schleppte ich mein schweres Instrument zu den Bällen und hoffte, dass Buttmüller meine Darbietung mit dem Schifferklavier vergaß. Weit gefehlt. Ich zögerte meinen Auftritt immer weiter hinaus, aber Buttmüller war gnadenlos. Er bestand auf meiner Akkordeonrunde. Hatte ich vorher auf der Bühne bei den Stones oder Beatles so manches Mädchen auf der Tanzfläche mit meinen Blicken angeflirtet, musste ich mir jetzt das Akkordeon umschnallen. Ich genierte mich sehr und spielte den Schneewalzer und drei weitere Stücke mit sichtlichem Unbehagen herunter. Buttmüller stand schräg hinter dem Bühnenvorhang und lächelte mir mit einem Nicken aufmunternd zu. Die restliche Band grinste hinter meinem Rücken. Meine Rache bestand darin, dass ich die Band für die Dauer meiner Darbietung zu einer Tanzkapelle degradierte. Mit Erleichterung betrat ich nach meinem »Auftritt« wieder die Bühne und konnte weiter so manchem Mädchen zulächeln.

Unser Repertoire diskutierten wir bei den Proben häufig mit großem Einsatz. Gerd und ich wollten mehr Titel der englischen Beatgruppen spielen, Walter war eher für das deutsche Liedgut, sicherlich beeinflusst durch die Meinung seiner Mutter. Er hatte gewiss eine sehr schöne Stimme, und die kam bei »Ganz in Weiß« von Roy Black besser an als bei »Satisfaction«. So wurden unsere Titel stets auch von Schlagern durchsetzt. Ich bewunderte insgeheim Walter, denn Bass zu spielen und dazu zu singen, das war wirklich nicht einfach. Die Mutter von Walter stand bei dem Gesang ihres Sohnes oft schmachtend neben der Bühne. Max entwickelte sich zunehmend zum Spezialisten bezüglich der Instrumentalstücke, die von den Shadows und Spotnicks gespielt wurden. Keiner weit und breit konnte sich mit ihm messen. Er interpretierte auf seine eigene Art und Weise die Stücke hervorragend und setzte dabei seinen Vibrator gekonnt ein. Auch wenn das Endknöpfchen einen Sprung hatte. Ich fand, und stehe heute noch dazu, dass er die Soli besser spielte als die Originalbands sie spielten.

Während der Text bei den deutschen Schlagern

kein Problem darstellte, war es bei den englischen Songs so eine Sache. Die Kenntnisse von Max und Gerd waren mehr als bescheiden. Wie schon erwähnt, hatte ich kein Englisch in der Schule. Das war schade, denn ich hätte in dem Fach sicherlich eine gute Note erzielt. Wir mussten also die Akkorde und Texte der Beatles und Stones mühsam von meinem kleinen Tonbandgerät abhören. So sangen wir lange Zeit anstatt »Paint It Black« einfach »Panties Black«. Warum die Rolling Stones einen Titel über schwarze Unterhosen schrieben, war uns schleierhaft. Erst nach vielen Wochen erkannten wir den Irrtum. Wir spielten ausgerechnet in der Dolmetscher-Hochschule des benachbarten Städtchens. Wie peinlich!

Kapitel IX

Der Vater von Hans war ein ruhiger, besonnener Mann. Er spielte mit meinem Vater im Verein Schach und er war im Gemeinderat. Da unsere Band schon ziemlich berühmt im Ort war, wir aber noch keinen richtigen Proberaum hatten, stellte er bei einer Ratsversammlung den Antrag, einen Werkraum der neuen Schule unserer Band zum Proben zur Verfügung zu stellen. Tatsächlich wurde ein positiver Beschluss gefasst, und so kamen wir raus aus dem Schuppen, den Kellerräumen und den Garagen, die bis dato unsere Proberäume waren. Wir mussten die Anlage nicht mehr rumschleppen und konnten sie in einem Nebenraum in der Schule einschließen. Wir wurden zu einem kulturellen Teil unseres kleinen Dorfes. Bei einer Probe des im Parterre gelegenen Proberaums gerieten Max und Walter so aneinander, dass Walter durch ein Fenster ins Freie flüchtete. Max sprang ihm nach und verfolgte ihn. Nun, es sollte nicht der erste Fenstersprung eines Musikers sein. Trotz unserer Konflikte fanden wir immer wieder in der Musik zueinander.

In dieser Zeit bekam fast jedes Dorf eine Mehrzweckhalle. Auch in unserem Ort wurde eine Halle gebaut. Da wir die Schule zum Proben nutzen durften, beschloss der Gemeinderat, dass wir zur Eröffnung der neuen Mehrzweckhalle den musikalischen Rahmen gestalten sollten. Es war der erste große Auftritt in unserem Dorf und wir waren auf den Abend gespannt. Ich war besonders nervös, da meine Eltern zur Eröffnung kommen wollten. Sie hatten mich noch nie mit der Band gehört. Die Veranstaltung begann mit vielen Reden der lokalpolitischen Größen. Wir lauerten hinter der Bühne. Max hatte sich vor einigen Wochen eine Hawaiigitarre gekauft. Sie lag auf seinen Knien und er bearbeitete mit einem Metallschieber das neue Instrument. Wir beschlossen, als erstes Lied »Aloa He« zu spielen. Dann war es so weit. Das Licht im Saal wurde gelöscht und die roten Spots eingeschaltet. Die meisten Besucher erwarteten laute »Negermusik«. Aber weit gefehlt. Mit Beginn des ersten Liedes wurde der Vorhang aufgezogen und Max legte eine Menge Schmalz in seine Hawaiigitarre und jaulte drauflos. Die Leute waren vollkommen überrascht von unserem Lied und staunten über die Musik. Wir hatten jetzt auch viele Dorfbewohner von unserem Können überzeugt. Ich hatte das Gefühl, dass meine Eltern stolz auf mich waren. Ein neues Gefühl, nicht nur für mich. Erst nach über fünfzig Jahren sollte meine Mutter wieder ein Konzert von mir besuchen.

Die Mutter von Hans war eine sehr redselige Frau mit einer hellblonden toupierten Hochfrisur. Sie hatte eine Strickmaschine und war immer am Arbeiten. So kam es, dass sie uns eines Tages fünf gleichfarbige Pullover strickte und wir beim nächsten Jugendball mit blauen Pullovern uniformiert auf der Bühne erschienen. Das war eine gute Werbung für die Mutter von Hans. Und tatsächlich trafen Bestellungen von unseren Fans bei ihr ein. So waren einige Jungs beim nächsten Ball mit den gleichen Pullovern bekleidet. Nach einigen Wochen wechselte die eifrige Strickerin die Farbe und bekam prompt wieder einige Aufträge. So wurde die Mutter von Hans zu einem Merchant-Center der Band. In einer aufwendigen und schwierigen Arbeit verzierten wir unsere Pullis mit kleinen Glitzersteinchen. Und so leuchtete der Bandname auf unserer Brust im Spotlicht der Stadthalle.

Zu dieser Zeit spielten wir die Hits, die wir im Radio hörten, rauf und runter. Egal, ob sie zu uns passten oder nicht. Dabei waren auch Schlager aus der Hitparade in unserem Repertoire. Walter, nicht ohne Einfluss seiner Mutter, sang die Schnulzen mit seiner guten Stimme voller

Inbrunst. Und sie kamen gut an. Ich selbst mochte lieber die Songs der englischen oder amerikanischen Bands. So schlossen wir einen Kompromiss und berücksichtigten das Gesangstalent unseres Bassisten und den Geschmack der Fans des deutschen Liedgutes. Max hielt sich bei den Liedern zurück, da er keine besonders gute Gesangsstimme hatte. Er konzentrierte sich ganz auf seine Soli, die er in einem unglaublich guten Stil spielte. Dabei setzte er auch die Effekte Hall und Echo seines Verstärkers »EchoKing« gekonnt ein. Max entwickelte sich selbst zum Echoking.

Über die musikalischen Wurzeln der Beat- und Rockmusik wussten wir überhaupt nichts. Wir hatten keine Ahnung von Blues. Namen wie Muddy Waters oder Lightnin' Hopkins kannten wir nicht, wenn auch beim letzten Musiker namentlich eine Nähe zu unserem Bandnamen bestand. Auch die Größen des Rock 'n' Roll, wie Chuck Berry und Jerry Lee Lewis, sangen an uns vorbei. Ich hörte zwar »Radio Luxemburg«, aber das Verständnis über die historischen Wurzeln der neuen Musik blieb mir verschlossen. Diese Roots wurden von den Beatles und den Stones dem jungen Publikum erst zugänglich gemacht. Die Beatmusik zähmte etwas den Rock 'n' Roll im Tempo und gab dem Blues einen weißen

Anstrich. Im Rahmen der Popmusik wurden die traditionellen Rhythmen der schwarzen Bevölkerung in den USA uns akustisch schmackhaft zubereitet. Ich hörte von Anfang an immer mehr die Musik als die Texte. Meine Konzentration lag zuerst im musikalischen Bereich und noch heute achte ich kaum, auch bei neuen Liedern, auf die Lyrics. So kenne ich viele Texte der Beatles-Songs immer noch nicht. Diese Art zu hören vermittelt mir aber eine stärkere Intensität zur Musik.

Wenn ich heute Songs komponiere, ist der Text eher ein Beiwerk und die Musik zu einem neuen Titel existiert als Erstes. Das liegt nicht nur an meinem schlechten Englisch.

In der Band herrschte Euphorie, nicht zuletzt, weil wir es allen Erwachsenen gezeigt hatten, dass wir doch keine musikalischen Eintagsfliegen waren. Wir gewannen viel Selbstvertrauen und das Lampenfieber vor einem Konzert hielt sich immer mehr in Grenzen. Manchmal nervte Buttmüller, nicht nur wegen meiner Akkordeonnummer. Da kam er doch hin und wieder hinter die Bühne und ermahnte uns, nicht so laut zu spielen. Dabei war unsere Anlage überhaupt nicht auf den großen Saal der Stadthalle ausgerichtet. Wir taten so, als ob wir die Verstärker leiser einstellen würden, änderten aber nichts an der Lautstärke. Buttmüller war zufrieden und zog ab. Auf der Bühne ging es locker zu. Wir machten unsere Späßchen untereinander, lachten, und wenn jemand sich verspielte, wurde er angegrinst. Das Publikum merkte in den meisten Fällen eh nichts. Nie kam dann ein Vorwurf, denn jeder wusste, dass der nächste Fehler von ihm selbst kommen konnte. Max achtete stets darauf, dass keiner mit seinem Instrument lauter war als er. Das nervte. Noch heute ist für mich eine zu hohe Lautstärke eher ein negativer Qualitätsfaktor für eine Band. Geflirtet wurde natürlich, was das Zeug hielt. So mancher Blick von der Bühne wurde mit einem schmachtenden Blick von der Tanzfläche erwidert. Doch der endgültige Erfolg des Flirtens blieb aus. Zumindest bei mir.

Stefan ging in dieselbe Klasse und sah mit seiner Halbglatze, die er schon in diesen jungen Jahren hatte, recht lustig aus. Er war schwul. Wir Jungs machten uns zwar ab und zu lustig über ihn, aber es war nicht beleidigend gemeint. Stefan war voll akzeptiert. Er hatte in den Sprachen hervorragende Noten. Überhaupt war er ein sehr kluger Schüler. Wenn wir in Biologie oder Chemie einen Film anschauten, so setzte er sich im Dunkeln immer an meine Seite. Schon nach wenigen Minuten spürte ich seine Hand auf meinem Oberschenkel. Ich musste ihm dann öfter auf die Finger klopfen. Noch heute bin ich stolz auf unsere Toleranz, die wir ihm gegenüber zeigten. Er war ein absoluter Abenteurer. Manchmal kam er montags zur ersten Stunde verspätet in den Unterricht. Das war kein Wunder, denn er trampte durch die Gegend und kam gerade mal wieder aus Paris, wo seine Schwester lebte. Stefan wohnte in einem kleinen Kaff und ab und zu trafen wir uns bei ihm. Die Musikanlage wurde voll aufgedreht und wir mussten uns Lieder von Hildegard Knef anhören. Stefan tanzte dazu, nur mit einer Federboa bekleidet. Diese Partys waren ziemlich bizarr. Einmal hatten wir Marihuana besorgt und kifften. Danach wurde mir schlecht. Gott sei Dank! Stefan gehörte immer zu uns.

Die Dunkelheit unseres Filmsaals wurde auch für andere Zwecke benutzt. Einmal sahen wir einen Film über Öle als Thema in unserem Chemieunterricht. In der letzten Reihe gab es ein anderes Thema oder, besser, das Ergebnis einer wichtigen chemischen Reaktion. Eine Flasche Schnaps ging im Dunkeln von Schülerhand zu Schülerhand und kam plötzlich in einer Hand leer an. Unser Chemielehrer hieß Hendrix. Was für ein toller Name und was für eine Niete! Die meisten Versuche gingen daneben und wurden im schriftlichen Hefteintrag zurechtgebogen. Da ich mich schon früh für Chemie interessierte, konnte selbst sein Name sein Unvermögen nicht kompensieren.

Im selben Dorf wie Stefan lebte Pittie. Er saß in der Schule viele Jahre neben mir. Sein Vater hatte ein Friseurgeschäft und verkaufte im Laden auch Kondome. Diese Gummis brachte Pittie in den Unterricht mit. Sie wurden von uns zu allerlei Unfug missbraucht. Die Gelage in Pitties Kuhstallbar waren legendär und spätestens nach zwei Stunden waren alle Jungs besoffen.

An einem Morgen fuhr Pitties Vater mich nach Hause. Ich kotzte mehrmals aus dem Auto und war kreidebleich. Als meine Mutter das Tor öffnete und ich regelrecht aus dem Auto fiel, war es ihr sehr peinlich. Mir nicht, mir war einfach nur kotzübel. Wochenlang hielt mir meine Mutter vor, welche Schande ich über die Familie gebracht hätte.

Die Zeit war gekommen, bei Buttmüller einen Tanzkurs zu belegen. Das war unserem »Manager« gegenüber geradezu eine Pflicht. Ich hatte zwar nie Lust zum Tanzen, aber es war eine gute Gelegenheit, den Mädchen etwas näherzukommen. So meldete sich die ganze Band an. Buttmüller hüpfte mit seinen Lackschuhen durch die Gegend und übertrieb mit seiner Frau die eleganten Gesten beim Tanzen. Wir lachten ihn hinter seinem Rücken aus. Er besaß einen beigen transportablen Plattenspieler, auf dem die ersten Singleplatten gespielt werden konnten. Der Klang dieses Geräts war eine Beleidigung für unsere Ohren. Wir waren den satten Sound unserer Anlage gewohnt. Natürlich achtete unser Tanzlehrer auf korrekte Kleidung. So war ein weißes Hemd und ein Jackett absolute Pflicht und die Jeans mussten Stoffhosen weichen. In diesem Sommer war es besonders heiß und der Tanzunterricht fand in dem alten Tanzsaal statt, in dem wir unseren ersten Auftritt hatten. Der Duft von Salami und Schinken lag sowohl beim Walzer als auch beim Foxtrott kontraproduktiv zum Parfum der Mädels in der Luft. Buttmüller achtete penibel auf die Etikette, besonders bei den Jungs. Diese mussten sich in einer Reihe aufstellen und auf Kommando zu den Mädchen gehen, die gegenüber auf Stühlen saßen. Eine Verneigung vor der angestrebten Tanzpartnerin war Pflicht. Nun kam es aber häufig vor, dass mehrere Jungs dasselbe Ziel ansteuerten und der Weg zur angestrebten Partnerin zum Wettlauf wurde. Nach dem Prinzip »Survival of the fittest« gab es nur einen Gewinner. Die Verlierer mussten sich nach anderen Partnerinnen umsehen. Der Spruch »Den Letzten beißen die Hunde« wurde im übertragenen Sinn für so manches Tanzpaar zur Realität. Die Auswahl der Erstrebten ähnelte also oft einer »Reise nach Jerusalem«. Butti achtete stets auf die richtige Tanzhaltung und korrigierte bisweilen eine falsche Stellung. Schaute er mal nicht streng auf die Paare, so rutschte manche Hand der Jungs ziemlich weit nach unten und berührte rein zufällig den Po des Mädchens. Manchmal wurde diese kurzzeitige nicht korrekte Tanzhaltung von der Partnerin geduldet.

Am Ende der Tanzstunde fuhren wir Jungs mit den Rädern zum Baggersee. Wir rissen uns regelrecht die Kleider vom Leib und stürzten uns ins Wasser. Es war ein heißer Sommer und es waren tolle Wochen.

Der Tag des Abschlussballs rückte immer näher. Da ich mittlerweile ein bekannter Musiker war, zumindest in unserer Region, hatte ich leichtes Spiel, eine Tanzpartnerin zu finden. Meine Wahl fiel auf Rosi. Sie wohnte mit ihren Eltern außerhalb unseres Dorfes, in der Nähe des Rheins. Immer, wenn der Fluss Hochwasser hatte, stand auch der Keller ihres Hauses unter Wasser. Die Augen von Rosi waren wunderschön und deshalb hatte sie unter den Jungs auch den Spitznamen »das Reh«. Sie war wirklich sehr hübsch und mich faszinierten ihre dunklen Augen. Doch hatten wir uns nie geküsst. Es war eine Freundschaft mit liebevollem Touch. Sie war halt ein scheues Reh.

Der Abschlussball verlief für alle sehr schön und keiner von der Band war am Ende besoffen. Die Jungs der Gruppe hatten die schönsten Mädchen abgeräumt und keiner wollte auf das Kleid seiner Partnerin kotzen. Buttmüller war zufrieden und schwebte mit seiner Frau glücklich über die Tanzfläche. Es war übrigens der letzte Tanzkurs in diesem legendären Saal, in dem schon meine Großmutter das Tanzen gelernt hatte.

Da wir quasi bei Buttmüller unter Vertrag waren, mussten wir auch in anderen Bereichen herhalten. Oft kam es vor, dass bei den Abschlussbällen in den anderen Dörfern Jungs als Tanzpartner gebraucht wurden. Da wir unseren Tanzkurs schon hinter uns hatten, mussten wir als Tanzpartner einspringen. So warteten die Lightning Stars am vereinbarten Treffpunkt auf den roten Ford Transit unseres Tanzlehrers. Ich hatte immer meinen Konfirmationsanzug an und eine Krawatte. Im Wagen wurden dann die Blumensträuße verteilt und gerätselt, welche Schönheit wir heute im Arm halten würden. Mit der Schönheit der Partnerin war es so eine Sache. Wir bekamen halt die Mädchen, die übrig geblieben waren. Aber die Mauerblümchen bekamen einen berühmten Musiker zugeteilt und waren an dem Abend überglücklich. Gerd wurde sogar an einem Ball von seiner Partnerin nach Hause geschleppt und wurde dem Vater vorgestellt, der an einem so wichtigen Tag wegen seiner Gehbehinderung nicht zum Fest kommen konnte.

Für uns Jungs hatte es den Vorteil, dass wir immer besser tanzen konnten. Noch heute brauche ich mich auf dem Tanzparkett nicht zu verstecken, obwohl ich lieber auf der Bühne stehe.

Kapitel X

Mittlerweile hatte sich der Radius unseres künstlerischen Schaffens auf den Bühnen der Region stetig erweitert. Man kannte die Lightning Stars. Max und ich fuhren mit den Rädern ins Kino des Nachbarstädtchens. Man spielte den »Hund von Baskerville«. Es war später Nachmittag und die Sommerhitze lag wie eine Glocke über dem Land. Also beschlossen wir, uns mit einem Eis abzukühlen. Als wir die Eisdiele betraten, wurde sogleich an mehreren Tischen getuschelt. Ich machte Max klar, dass ich nur das Geld für den Film dabeihatte. Max beruhigte mich und erklärte, dass genügend »Kohle« in seinem Geldbeutel war. Also bestellten wir uns zwei riesige Eisbecher, die wir mit Genuss verdrückten. Immer wieder schauten Mädchen zu uns und wir taten so, als würden wir dies nicht bemerken. Nach der Abkühlung ging es an das Bezahlen. Entsetzt stellte Max fest, dass sein Geld für unsere caligulären Eisbecher nicht ausreichte. Selbst wenn wir das Kinogeld zusammenlegten, war die Rechnung noch zu hoch. Ich fiel fast vom Stuhl. Zwei Lightning Stars in einer sehr peinlichen Situation. Das würde sich sicherlich herumsprechen. Welch Schande! Die Rettung entpuppte sich in einem Klassenkameraden von Max. Diskret lieh er uns den Geldbetrag für die Rechnung. Der anschließende Film war nicht weniger aufregend.

Ulla war ein besonders hübsches Mädchen in unserem Ort und wurde von vielen Jungs umworben. Wenn ich sie traf, begegneten sich unsere Blicke etwas länger, als nötig war. Ich kaufte einen Freundschaftsring, den ich immer bei mir hatte, und wartete auf eine günstige Begegnung mit Ulla. Eines Tages traf ich sie in der Bäckerei. Ich schlich mich an ihre Seite und legte den Ring in ihren Einkaufskorb. Sie registrierte meine Tat und schaute mich lange an. Mit klopfendem Herzen verließ ich nach ihr den Bäckerladen. Sie wartete auf mich und hatte den Ring schon angezogen. Das war der Beginn einer wunderschönen Jugendliebe. Der erste richtige Kuss war bei einem kons- pirativen Spaziergang mit Max und dessen Freundin. Wir ließen uns etwas zurückfallen und nahmen uns in die Arme. Es wurde mein erster schöner Kuss und nicht das nasse Ab- knutschen wie bei Maria. Ich denke heute noch an diesen Moment. Manchmal treffe ich sie zu- fällig in unserem Dorf und bewundere nach all den Jahren immer wieder ihre Schönheit. Sie ist übrigens mit einem guten Freund von mir verheiratet.

Es war eine glückliche Zeit, obwohl das Damoklesschwert meiner schlechten schulischen Leistungen über mir hing, und zwar an dem berühmten seidenen Faden. Ich schaffte in diesem Jahr nur mit knapper Not das Klassenziel. Der Ernst des Lebens im Bauwagen, den mir mein Vater androhte, musste noch länger warten.

Unser Haus war noch nicht fertig, da existierte im Keller schon ein komplett eingerichteter Partyraum, den wir auch zur Probe nutzten. Ich habe ja schon darüber berichtet, möchte aber an dieser Stelle auf die Toleranz meiner Eltern hinweisen. Sie gingen oft schon zu Bett, während wir noch lautstark im Keller probten.

Gegenüber von unserem neuen Haus wohnte Bea, sie war ein ausgesprochen heißer Feger. Samstags nach dem Bad, jetzt nicht mehr in einer Zinkwanne, lief ich mit nassen Haaren rüber zu ihr. Ihre Eltern saßen zu dieser Zeit zumeist am Kaffeetisch im Wohnzimmer. Wohlwollend wiesen sie mich darauf hin, dass Bea schon im Badezimmer auf mich wartete. Es war ganz klar, dass beide Elternteile es gern gesehen hätten, wenn Bea meine feste Freundin würde. Meine Friseuse wartete tatsächlich schon im Bad. Sie stylte mit dem Föhn meine Haare und ich presste sie hinter der Badezimmertür an mich. Es war immer ein schönes und erregendes Gefühl, wenn ich Bea küsste und ihr unter den Rock griff. Sie war wirklich scharf. Wer bei den Partys keine Freundin hatte, bekam Bea. Sie wurde unser Joker und auch ich erlebte schöne Stunden mit ihr. Sie war die zweite »Frau«, die mich in die Wonnen der Erotik einführte.

Im musikalischen Bereich hielt die Soulmusik Einzug in die Charts. Wir waren aber eine reine Beatband mir der klassischen Besetzung, drei Gitarren (wobei ein Überhang in diesen Saiteninstrumenten vorlag), eine Bassgitarre und ein Schlagzeug.

Wie konnten wir dann Soul spielen? Überhaupt nicht, denn die Stimme von Walter passte mehr zu »Ganz in Weiß« als zur Mustang-Sally. Und einen Bläsersatz in der Band gab es auch nicht. Doch wir kannten keine Scheu und ergänzten mutig unsere Setlisten durch ein paar Soulstücke. Ein Titel hieß: »Fa-Fa-Fa-Fa-Fa« und war von Otis Redding. Damit hatten wir, wenigstens was den Text anging, kein Problem. Nun ja, wenn ich heute zurückdenke ... Aber, o Wunder, diese musikalischen Ausrutscher wurden von unseren Fans eher positiv bewertet. Wir waren zu dieser Zeit als angesagte Band in unserer Region fest etabliert. Die Auftritte wurden immer routinierter. Aber die Besucherzahlen bei unseren Konzerten sanken. Schuld waren die Discos, in denen wir natürlich auch rumhingen und unseren Bekanntheitsgrad genossen. Diese Musikkneipen töteten aber langsam die Livemusik. Wir haben es am Anfang gar nicht bemerkt.

Am Ende unserer Konzerte kündigten wir häufig an, dass wir noch in diese oder jene Disco gingen. Das war eine tolle Werbung für diese Schuppen und manchmal gab es dafür freie Getränke. Ohne Zweifel wollten wir einige Mädchen dorthin locken. Obwohl ziemlich geschafft, verbrachten wir noch einige Zeit in diesen Kneipen. Die angesagteste Disco war zu jener Zeit fast immer überfüllt. Aber für uns gab es jederzeit Einlass, zumal der Türsteher in unserem kleinen Dorf wohnte. Ein blondes Mädchen hatte es mir angetan. Sie war sehr zurückhaltend, ja fast schon distanziert. Es war ihr egal, dass einer der Gitarristen der Lightning Stars mit ihr tanzte. Ihre Frisur war im Stil der Pilzköpfe von den Beatles und die Ähnlichkeit mit Sylvie Vartan, deren Bild über meinem Bett hing, war beträchtlich. So hielt ich mich sehr oft an das Lied von Sylvie »La Plus Belle Pour Aller Danser« und tanzte mit Gabi. Dabei beachtete sie mich kaum und war sehr wortkarg, was sie noch anziehender für mich machte. Ich wusste nur, dass sie im Nachbarstädtchen wohnte und in einem Friseursalon arbeitete. Meine Kumpel hielten sie für ziemlich eingebildet und konnten nicht verstehen, dass ich auf sie abfuhr.

Einige Monate hatte Stefan, mein Klassenkamerad mit dem Hang zum männlichen Geschlecht, den begehrten Job des Discjockeys in diesem Tanzschuppen ergattert. Zu dieser Zeit erklangen besonders französische Titel in dieser Disco, manchmal sogar Lieder von Hildegard Knef. Das brachte Stefan einige Kritik ein, aber mir gefiel dies und es passte sehr gut zu meiner frankophilen Phase in jener Zeit. Durch die Position von Stefan als Discjockey ergab sich so manch Vorteil für mich. Ich konnte mir Lieder wünschen und Stefan machte mir heimlich Handzeichen, wenn die »langsame Runde« kam. Darunter verstanden wir eine Reihe von Songs, die langsam zu tanzen waren und, das war besonders wichtig, eine engere Tanzhaltung zuließen. So war es mir möglich, schon im Voraus eine günstige Position einzunehmen, um recht schnell zu meiner Auserwählten zu gelangen. Gabi war als Tanzpartnerin sehr beliebt. Doch unsere Beziehung, wenn man überhaupt diesen Begriff anführen kann, blieb distanziert und wir haben uns nie geküsst.

Das war eine Liaison in meinem Leben, die nicht von Erfolg gekrönt wurde, genau wie mein schulisches Dasein. Aber es gab auf der Penne auch Fächer, in denen ich gut war. Diese waren besonders Deutsch, Biologie und Chemie. Mein absolutes Lieblingsfach war aber Sport. Damals hieß es noch Leibeserziehung. Ich hatte schon als Schüler eine enorme Sprungkraft und außerordentliches Talent in den Ballspielen. Im Schwimmunterricht konnte mir sowieso kein Mitschüler das Wasser reichen. Die vielen Sommer am Baggersee brachten mir im Schwimmen und Tauchen einen großen Vorteil. Stefan, mit dem Hang zum gleichen Geschlecht und hochintelligent, war im Sport eine absolute Niete. Einmal stellte er unserem Leibeserzieher beim Handball ein Bein und dieser landete unsanft auf dem Boden. Es war keine Absicht gewesen, sondern der Ungeschicklichkeit geschuldet. Keiner wagte zu lachen, aber unser Sportlehrer nahm es mit Humor. Da hatte er auch bei uns das Spiel gewonnen und avancierte zu einem unserer Lieblingslehrer.

Auch außerhalb der Schule war ich sportlich aktiv. Ich trainierte oft auf Feldwegen und stellte mir dabei einen Wettlauf in einem großen Stadion vor. Einmal hob ich mit einem Spaten eine Weitsprunggrube auf einer Waldlichtung aus. Durch die vielen Baumwurzeln war es eine Knochenarbeit. Das Schönste war aber ein Eishockey-spiel auf den zugefrorenen Altrheinarmen. Die Winter in diesen Jahren waren ziemlich streng und kaum hatte sich eine Eisschicht gebildet, trafen wir Jungs uns zu einem Eishockeyspiel. Die Schläger wurden aus den Ästen von Büschen hergestellt. Stundenlang durchquerten wir den Wald auf der Suche nach einem idealen Ast. So ähnelte der Schläger mehr einem Prügel, und dieser wurde manchmal nach einer verlorenen Schlacht auf dem Eis ganz zweckentfremdet als Waffe eingesetzt. Den ganzen Nachmittag hetzten wir über das Eis auf der Jagd nach einer kleinen leeren Milchdose. Einen Puck gab es nicht. Schon nach wenigen Minuten waren wir durchgeschwitzt. Und manchmal rissen sich unsere Schlittschuhe von den Sohlen alter Schuhe, an denen wir sie mit allerhand Nägeln und Schrauben befestigt hatten. Dabei kam es nicht selten zu blutigen Unfällen. Unsere Spiele dauerten meistens bis in die Dämmerung. Max und ich spielten oft in einer Mannschaft zusammen. Total ermüdet traten wir den Heimweg an. Doch am Ufer wartete so manche Überraschung. Dort war das Eis ziemlich brüchig, und so mancher Eishockeyspieler brach ein und stand dann fast bis zum Knie im Schlamm. Das wurde daheim nicht mit Freude aufgenommen. Manchmal trocknete ich meine Hosen bei meiner Großmutter am Herd, um dem Donnerwetter meiner Mutter zu entgehen. Oft hat sie aber mein Missgeschick durchschaut, trotz trockener Hose.

Kapitel XI

Bei einem Konzert kam in der Setpause Herr Gröger, wie er sich vorstellte, auf uns zu. Er war korrekt mit einem Anzug und einer Krawatte bekleidet. Er sah gut aus und sein Alter schätzte ich so um die Mitte vierzig. Gröger hatte von unseren Erfolgen gehört und wollte unser Manager werden. Den Vertrag, den er uns vor die Nase hielt, haben wir nicht unterschrieben. Aber wir gaben ihm eine Chance, schließlich wollten wir weltberühmt werden. Unser Manager versprach die Anzahl der Konzerte zu steigern und unseren musikalischen Radius zu vergrößern. Auch unsere Gage sollte sich erhöhen. Das war besonders willkommen, da wir ja noch die Schulden bei meinem Onkel abbezahlen mussten. Nun, die Versprechungen haben sich zwar nicht ganz so erfüllt, aber einige Auftritte kamen tatsächlich hinzu. Eines Abends, wir spielten in einem Vereinsheim, kam die Kriminalpolizei und verhaftete Gröger. Gleichzeitig wurden wir darauf hingewiesen, dass wir in unserem jungen Alter nur bis 22 Uhr spielen durften. Walter hatte, da er mit Abstand der Jüngste war, sogar eine Sondergenehmigung des Jugendamts. An diesem Abend aber war es schon kurz vor Mitternacht, und das war für uns Jungs einfach zu spät. Zu dieser späten Stunde fehlte die Begleitung unserer Erziehungsberechtigten. Deshalb blieb keine andere Wahl, als das Konzert abzubrechen, zum Leidwesen des Publikums. Da Gröger einen Teil unserer Anlage transportiert hatte, mussten wir mitten in der Nacht die Eltern anrufen. Eine Woche später erschien, einer Vorladung folgend, die komplette Band auf dem Polizeirevier. Etwas verunsichert machten wir unsere Späßchen und Hans trommelte mit seinem Finger auf dem Schreibtisch des Polizisten. Während dieser etwas ungläubig schaute, lachten wir uns kaputt. Bestraft wurden wir nicht, aber es gab eine Ermahnung. Gröger haben wir nie wieder gesehen.

Es lief auch ohne Manager ganz gut und wir hatten sogar einmal zwei Konzerte an einem Tag. Ob Manager oder nicht, Buttmüller beutete uns weiter aus. Bei den Jugendbällen erreichte er Einnahmen, die um die tausend Mark pro Konzert lagen. Das war eine Menge Kohle zu dieser Zeit. Wir wurden immer noch mit einem Almosen abgespeist. Für das Essen, das jeder im Vertrag zugesichert bekam, gab uns unser Veranstalter einen Verzehrbon. Die halben Hähnchen aßen wir in einer Wirtschaft in unserem Dorf, denn dort gab es die besten Flügelmänner weit und breit. Eines Tages war die Kneipe mit GIs des nahe gelegenen amerikanischen Depots brechend voll. Wir hatten unseren Tisch reserviert und fingen gerade an, uns über die Hähnchen herzumachen, da flog der erste Stuhl durch den Raum. Bei der nachfolgenden gewaltigen Schlägerei zerbarsten durch weitere Wurfgeschosse die großen Fensterscheiben zu der Terrasse. Wir saßen seelenruhig mitten im Getümmel und mussten nur aufpassen, dass keine Glasscherben im Teller landeten. Ansonsten ließen wir uns beim Essen nicht stören. Nach kurzer Zeit kam die MP und knüppelte wieder Ruhe in den Raum.

Bei den Amerikanern im Depot haben wir auch gespielt. Es war im Offiziersclub, in dem wir ein Konzert gaben. Verwunderlich, dass die Amerikaner nicht auf unsere phonetischen Texte reagierten. Max spielte in Zimmerlautstärke die Instrumentalstücke der Shadows und Spotnicks mit solcher Inbrunst, dass es im Publikum glänzende Augen gab. Er bediente seinen Vibrator an der Gitarre schon fast zärtlich und ließ die Töne sanft aufjaulen, auch wenn das Endstück seines Gitarrenvibrators einen kleinen Sprung hatte. Es war der Abend von Max und von seinem Erfolg profitierte die ganze Band. Die Leute waren begeistert und schenkten uns edle Whiskysorten in unsere Gläser. Die deutschen Gesetze zum Schutz der Jugend waren wohl auf amerikanischem Boden außer Kraft gesetzt, zur Freude von fünf deutschen Jugendlichen. Es gab ein Büfett mit sehr gutem Essen und so manche Speise kannten wir nicht. Max schwelgte wieder caligulär in den Gerichten. Jedenfalls war das Publikum happy und wir wurden langsam besoffen. Die Gage fiel sehr großherzig aus, denn wir wurden in Dollar bezahlt. Das war eine ganz andere Bezahlung als bei Buttmüller. Im NCO-Club, der für die einfachen Soldaten gedacht war, spielten Bands aus den USA. Sie waren so gut, dass uns beim Zuhören der Mund offen stand.

Es war ein heißer Sommer 1967. Die großen Ferien verbrachte ich fast jeden Tag am Baggersee, der unweit von unserem Dorf lag. Dort traf ich auch die anderen Jungs und wir schwammen und tauchten um die Wette. Mit einem großen Bagger schaufelte man Kies auf einen Berg am Ufer. Dort wurde er mit großen Lastwägen wegtransportiert. Man machte, wie schon erwähnt, sozusagen Kies mit Kies. Am Wochenende, wenn die Arbeiten ruhten, sprangen wir von der Spitze des Baggers ins erfrischende Nass. Das war schon wagemutig und einige trauten sich nicht zu springen. Ich war eine richtige

Wasserratte, was mir später im Sportstudium enorm von Vorteil war.

Wenn wir gerade nicht im Wasser tobten, spielten wir auf der Liegewiese Fußball. Und die war besonders am Sonntag sehr dicht belegt. Da gab es kaum Platz für ein Fußballspiel. Wieder einmal musste ich unseren Ball holen, der auf die Decke eines Mädchens gerollt war. Eine peinliche und unangenehme Tätigkeit. Das Mädchen lag mit dem Rücken zu mir und drehte sich um, als sie jemand kommen hörte. Mir verschlug es die Sprache. Ich sah in ein wunderschönes Gesicht, das von langen schwarzen Haaren eingerahmt war. Meine Überraschung war so groß, dass ich kaum eine Entschuldigung herausbrachte. Mit Herzklopfen ging ich zu meinen Freunden zurück. Sofort fragte ich Max, ob er diese Schönheit kenne. Christiane hieß sie und besuchte die Parallelklasse im Gymnasium von Gerd und Max.

An diesem Abend konnte ich lange nicht einschlafen. Immerzu musste ich an Christiane denken. Neben meinem Bett spielte mein kleines Tonband die Stücke von »Rubber Soul« und mein Herz klopfte im Takt. Es war schon spät und ich sah in jeder Sekunde das Gesicht dieses Mädchens vor mir. Als ich das Tonband ausgeschaltet hatte, lag ich noch zu später Stunde wach in der Dunkelheit. Der tiefe wummernde

Klang der Schiffsmotoren auf dem nahe gelegenen Rhein begleitete mich in den Schlaf.
Über meinem Bett hing, wie schon berichtet,
ein großes Bild der französischen Sängerin Sylvie Vartan. Erinnerungen an Gabi wurden wach.
Diese waren jetzt aber nur kurzzeitig, denn nun
stand Christiane im Mittelpunkt meiner Träume.

Die nächsten Tage habe ich sie am Baggersee
nicht mehr gesehen, aber ich dachte jede Minute
an sie. Ich war enttäuscht und betrübt, da ich
sie unter der Woche am Baggersee nicht mehr
antraf. Doch am Samstag lag sie wieder auf der
Wiese, sogar an der gleichen Stelle. Ich hatte
jedoch nicht den Mut, sie anzusprechen. Während die anderen Mädchen uns heimlich mit be-
wundernden Blicken anschmachteten, machte
Christiane keine Anstalten, uns eines Blickes
zu würdigen. Gerd und Max, die ich um Ver-
mittlung bat, hielten sich raus. Ich sollte mich
gefälligst selbst anstrengen. Den Mut, sie anzusprechen, brachte ich nicht auf.

Tage vergingen und nachts hörte ich über
Kopfhörer die Musik der Beatles. Dabei sah ich
dieses schöne Gesicht vor mir. Die Schwärmerei
ging Max und Gerd ziemlich auf die Nerven und
eines Tages hatte mein bester Freund ein Ein-
sehen. Er sprach sie an und bestellte einen Gruß
von mir. Sie schaute zu mir rüber und ich wäre
am liebsten im Boden versunken. Doch unsere

Blicke wechselten von einer Decke zur anderen und schließlich lag ich neben ihr. Die Unterhaltung verlief schleppend. Mir fiel nichts ein und ich hatte Angst, dass sie das Klopfen meines Herzens hören konnte, das wie verrückt pochte. Sie hatte schon von unserer Band gehört, uns selbst aber noch nicht gehört. Bei ihren strengen Eltern war es nicht möglich, den Jugendball zu besuchen. Manchmal wurde sie sogar in ihrem Zimmer eingeschlossen. Ich war entsetzt. Das hörte sich nicht gut an. Wie sollte ich da eine Beziehung, eine Liebe aufbauen?

Nun ja, ich hatte einen ersten großen Schritt gewagt und lag jetzt öfter neben ihr in der Sonne. Ab und zu berührten sich unsere Hände und mir wurde in der Sonne noch heißer. Meine Kumpel fanden es nicht gut, denn sie hatten einen weniger zum Toben und so manch blöde Bemerkung schwappte akustisch zu uns rüber. Doch das störte uns nicht.

Bisher beschränkten sich unsere Treffen auf den Baggersee, da ihre Eltern sie ansonsten total überwachten. Es war mal wieder so weit und nächsten Sonntag sollten wir auf einem Jugendball unser Bestes geben. Christiane und ich überlegten, wie wir es anstellen konnten, dass sie zum Ball gehen durfte. Aber es fiel uns keine Lösung ein.

Christianes Familie besaß einen Schäferhund,

der natürlich Auslauf brauchte. So beschlossen wir, dass sie am nächsten Sonntag so gegen halb acht zur Stadthalle kommen sollte. Das war die Zeit der großen Pause während unseres Konzerts.

Die Tage vergingen unglaublich zäh. Endlich standen wir wieder auf der Bühne. Es war schon Routine und das Lampenfieber hielt sich im erträglichen Maße. Es war eher eine angeregte Anspannung in uns und besonders bei mir. Ich schaute immer wieder von der Bühne durch die großen Glasfenster, um Christiane ja nicht zu übersehen. Und da war sie. Ich drängte die Jungs zu der großen Pause und ging vor die Halle. Sofort nahm ich sie in meine Arme, während der Hund nervös um uns herumschwänzelte. Eigentlich waren mir Hunde sehr unangenehm, da ich als kleiner Junge von einem Jagdhund gebissen wurde. Aber es schien, als ob dieser Hund unsere Gefühle spürte und sich mit uns freute. Ich war überglücklich. Es blieben uns nur wenige Minuten und ich musste zurück zu der Band.

Auf der Bühne geschah etwas Unglaubliches. Ich schwebte. Für wenige Sekunden hob ich ab. Ich schwöre, dass ich mich so fünfzig Zentimeter über dem Boden befand. Dieser Moment hat sich in mein Gedächtnis eingebrannt und ich erinnere mich noch heute an dieses unglaubliche Gefühl. Ich hatte nie mehr in meinem Leben dieses Empfinden. Vollgepumpt mit Liebe sang ich den Titel der Lords: »Seven Golden Daffodils«, bevor ich wieder auf dem Boden der Bühne landete. Meine Kumpel hatten davon nichts bemerkt.

Es war eine schöne Zeit mit Christiane und der Sommer wurde dadurch noch sonniger. Wir lagen nebeneinander am Baggersee, spürten die Sonne auf unserer Haut und durchlebten die Liebe unserer Jugend.

Max und ich standen kurz vor dem achtzehnten Geburtstag und machten den Führerschein. Zwar hatten meine Eltern noch kein Auto, aber ich durfte ab und zu den Wagen meines Onkels benutzen. Mit diesem war ich vor einigen Jahren aus der Hölle des Internats befreit worden.

Ich hatte jetzt ganz andere Möglichkeiten und kümmerte mich nur noch sporadisch um Christiane. Sie schickte mir über Max so manchen Brief, in dem sie sich über meine Gleichgültigkeit beschwerte. Nur selten ging ich darauf ein, denn ich war mit meinen Kumpeln im Auto unterwegs.

Es war ein kalter, aber sonniger Wintertag, als sie sich mit dem Fahrrad aufmachte und mich besuchte. Ich dachte, dass meine Eltern bei der Arbeit wären, und stimmte dem Treffen zu. Aber mein Vater hatte sich frei genommen und reparierte sein Fahrrad, als ein Mädchen mit wehenden schwarzen Haaren in den Hof gefahren kam. Sie begrüßten sich und Christiane kam hoch in mein Zimmer. Da stand sie nun mit ihren roten Bäckchen und den langen schwarzen Haaren. Zu dieser Zeit wurde der Song »Lady In Black« von Uriah Heep zu einem sehr erfolgreichen Hit. Jedes Mal, wenn ich diesen Titel höre, muss ich selbst nach so vielen Jahrzehnten immer wieder an diese Begegnung mit Christiane denken. Sie fing an zu weinen und machte mir Vorwürfe. Ich verteidigte mich nur halbherzig, da ich wusste, wie recht sie hatte. Als wir uns in den Armen lagen, merkte ich aber, dass meine Zuneigung für sie nicht mehr da war. Eine große Traurigkeit nahm von mir Besitz und wir weinten beide. Mit Tränen in den Augen sah ich sie wegfahren.

Beim Abendessen fragte mich mein Vater, ob dieses hübsche Mädchen meine Freundin sei. Ich konnte ihm keine Antwort geben.

Man schrieb das Jahr 1968. Die Mitglieder der Band hatten mit Politik nichts am Hut. Man sah in den Fernsehnachrichten in Schwarz-Weiß zwar die Panzer der US-Army in Vietnam, machte sich aber keine Gedanken, welches Leid die USA über das vietnamesische Volk brachten.

Da ich immer auf der Seite des Schwächeren war, befand ich mich eines Tages auf einer Demoveranstaltung im nahe gelegenen Städtchen. Ich war der Einzige aus der Band. Mit circa zwanzig weiteren Gesinnungsgenossen verbrannten wir eine Bild-Zeitung auf dem Marktplatz. Dabei waren wir von drei Polizeiautos eingekesselt. Das war zu dieser Zeit die einzige politische Aktion, an der ich teilnahm.

gegeneinander... ... ... Stadtteilen. Bei
... Bauarbeiten ... ... zu zwanzig
... ... eingeführten Be-
... Schutzmaßnahmen ... ... sind jetzt ...
... werden, aber ... dass ... ...
... Das war damals in Zürich ... ...
... ... an der Börse gehen.

Kapitel XII

Nach langem Hin und Her beschlossen wir, die Band zu erweitern.

Immer mehr Songs schafften es in die Charts, in denen auch eine Orgel oder ein Keyboard zu hören waren. Was also lag näher, als die Band instrumental durch ein Keyboard zu komplettieren? Bernd war uns schon lange aufgefallen. Es war der Junge, der beim ersten Musikwettbewerb mit dem Akkordeon auf der Bühne der Stadthalle stand und dessen Mut ich schon damals bewunderte. Er hatte sich sein Keyboard selbst zusammengebaut und war mehr technisch als musikalisch ausgerichtet. Immerhin füllte der Sound seines Instruments unsere etwas gitarrenlastige Musik ganz gut aus. Jetzt hatten wir im Solopart bei »Nights In White Satin« einen fast identischen Klang zur Originalversion. Bernd war ein ruhiger Geselle und hielt sich aus unseren Streitgesprächen ziemlich heraus. Walter zeigte Bernd oft die Einsätze und Akkorde, die er auf dem Keyboard spielen sollte. Unser Bassist hatte sich zu einer tragenden Säule der Band entwickelt und ich bewunderte oft die Geduld, die er gegenüber unserem neuen Mitglied aufbrachte.

Es war schon schwer genug, Bass zu spielen und gleichzeitig zu singen.

Aber mit der Zeit stand die Harmonie in unserer Musik immer mehr im Gegensatz zur sozialen Harmonie in unserer Band. Der Ton in den Diskussionen während unserer Proben wurde nicht nur lauter, sondern auch schärfer. Walter und Max waren weiterhin die Verfechter deutscher Lieder im Repertoire, Gerd und ich wollten mehr in den Bereich der Rockmusik vorstoßen und somit mehr englische Songs in die Sets aufnehmen. Manchmal wurden die Streitereien so stark, dass wir die Probe beenden mussten. Wie weit solche Diskussionen für eine Band fruchtbar sind, vermag ich nicht zu beurteilen. Ich denke mal, dass eine gewisse Kritik innerhalb der musikalischen Gestaltung wichtig und wertvoll ist. Sie darf aber nicht eine Band zerfleischen, wie ich es später in manchen Formationen erlebt habe. Nun ja, eine gewisse Ermüdung – oder soll ich sagen Überdruss? – wurde bei den Lightning Stars erkennbar.

Jungmann war trotz seines Alters schon von gewaltiger Körperfülle und war erst vor kurzer Zeit in unsere Klasse gekommen. Er litt an starker Diabetes und deshalb saß er im Sportunterricht immer auf einer Langbank und schaute uns zu.

Jungmann, wir nannten ihn beim Nachnamen, besaß einen Führerschein und parkte sein Auto immer hinter der Sporthalle. Um nicht als Außenseiter im Abseits zu landen, stellte er sich uns als Fahrer bei diversen Ausflügen zur Verfügung. So fuhren wir manchmal während des Unterrichts durch die Gegend. Der Klassenbuchführer trug uns gegen einen kleinen finanziellen Obolus mit Bleistift als abwesend ins Klassenbuch ein und radierte später unsere Namen wieder aus.

Am Tag einer Deutscharbeit bei Poldi fand ein Schulfest im Gymnasium von Max und Gerd statt. Also trug man wieder unsere Namen in die Spalte »abwesend« ein und so schlichen sich sieben Schüler hinter die Turnhalle. Das Auto war mit sieben Leuten völlig überfüllt. Es herrschte eine ausgelassene Stimmung im Wagen und jeder wollte mal steuern. Jungmann hatte keine Kontrolle mehr über sein Fahrzeug. Die zwanzig Kilometer zum Ziel waren ein richtiger Horrortrip. Beim Aussteigen bemerkten wir, dass eine Radkappe fehlte, was nicht überraschend war. Als wir bei Max und Gerd eintrafen, wurden wir mit einem Schluck Hochprozentigem aus einer Flasche, die in einer Tüte versteckt war, begrüßt. Ausgelassen feierten wir auf dem Schulfest mit, obwohl wir wussten, dass wir eine Klassenarbeit bei Poldi schwänzten. Auf dem Rückweg fanden wir in einer Kurve tatsächlich die verlorene Radkappe wieder. In der Schule angekommen, schlichen wir uns ins Gebäude und wurden prompt von unserem Deutschlehrer ertappt. Er reagierte nicht, was kein gutes Zeichen war. Am nächsten Tag mussten sieben Schüler die Arbeit nachschreiben. Zehn Minuten nach Abgabe unserer Werke hatte Poldi alle Aufsätze korrigiert. Er gab sie gleich in der folgenden Stunde zurück. Unser Deutschlehrer nutzte die Freiheit der Interpretation und die pädagogische Autorität zu unserem Nachteil. Die Noten möchte ich hier nicht kommentieren.

Unsere Band wurde immer routinierter. Zwei Wettbewerbe hatten wir inzwischen gewonnen und so manch Engagement zogen wir an Land. Unsere musikalische Heimat blieb aber die Stadthalle im Nachbarstädtchen. Die Fangemeinde wuchs stetig an und einige Madchen wollten uns hinter der Bühne besuchen. Es gab aber, wie schon erwähnt, eine Abmachung, dass niemand von uns Jungs Mädchen hinter die Kulissen mitnehmen durfte. Max hatte zu dieser Zeit noch keine feste Freundin. In einer Probe offenbarte er uns die Neuigkeit, dass ein Mädchen ihn beim nächsten Ball besuchen wolle. Wir waren gespannt und neugierig. Tatsächlich kam beim Konzert seine neue Freundin in den

Geräteraum und besuchte Max. Sie war sehr hübsch und Max spielte seinen ganzen Charme aus, der ja bekanntlich jedem weiblichen Wesen den Kopf verdrehte. Carmen war die Tochter eines Bäckers aus dem Nachbardorf. Nun ja, Max hatte, wie wir alle wussten, einen unglaublich großen Appetit auf Backwaren.

Unsere Ferien verbrachten wir in fast all den Jahren an den heimischen Baggerseen. In den Sommerferien des Jahres 1968 wählten wir aber Südfrankreich als Reiseziel. Obwohl ich, dank der Bluse meiner Französischlehrerin, eine etwas schwierige Beziehung zur französischen Sprache entwickelt hatte, hörte ich gern die Musik aus meinem Nachbarland. Sylvie Vartan, weil sie dazu noch unglaublich gut aussah, hörte ich rauf und runter. Natürlich war ich auch ein Fan von Françoise Hardy, Richard Anthony und Georges Moustaki. Mein absolutes Lieblingslied war »Love Me, Please Love Me« von Michel Polnareff. Den Text konnte ich tatsächlich auswendig. Leider war es unmöglich, diesen Song mit der Band zu spielen, da wir zu dieser Zeit keinen Klavierspieler hatten. Und das Intro mit dem Piano war für das Lied absolut charakteristisch.

Auch dank der Musik war ich also unserem Nachbarland Frankreich sehr zugetan. Das Meer hatte ich bis zu diesem Sommer noch nie gesehen und deshalb war die Freude auf die Reise riesig. Hans hatte einen alten grünen VW-Bus gekauft und dieser bot Platz genug für sieben Personen und für unsere Instrumente. Am Abend der Abreise gab es ein kleines Abschiedsfest am Bus. Mit von der Partie war Karl. Er war fünf Jahre älter als ich und somit unser ältester Begleiter. Leider war seine Beziehung mit einer Sängerin vor kurzer Zeit in die Brüche gegangen und sein Alkoholspiegel im Blut war oft sehr hoch. Die Reise mit uns sollte ihn ablenken. Karl spielte hervorragend Akkordeon und hatte auch eine sehr schöne Stimme.

Irgendwann in der Dämmerung fuhren wir los und viele Hände winkten uns nach. Nun ja, weit kamen wir nicht. Schon nach vier Kilometern fiel das Licht aus. Wir waren gerade bis zum Nachbarort gekommen und eine lange Strecke lag noch vor uns. Kein gutes Omen! Aber die Stimmung im Bus war trotzdem gut.

Also fuhren wir ohne Licht zurück, und Peter, ein Bekannter im gleichen Alter, versuchte die Reparatur. Peter lernte Kfz-Mechaniker in einer Autowerkstatt und war beim Frisieren von Mopeds immer eine willkommene Hilfe. Nach einer Weile hatte er es geschafft und das Licht vom Bus fing wieder an zu leuchten. Wir brachen erneut auf, immer in banger Erwartung, ob das Licht durchhalten würde. Dieses Damoklesschwert konnte aber die gute Stimmung im Bus nicht vermiesen. Es wurde gelacht und gesungen. Karl spielte auf seinem Instrument und wir auf unseren Gitarren. Hans musste fahren.

Am Abend des folgenden Tages strandeten wir auf einem Parkplatz bei Avignon. Unser Licht am Fahrzeug fiel wieder aus und so mussten wir auf diesem Parkplatz übernachten. Alle hatten Hunger und so machten wir uns auf die Suche nach einer Kneipe.

Tatsächlich fanden wir nach kurzer Zeit ein Lokal. Durch die lange Fahrt sahen wir ziemlich abgewrackt aus und deshalb wagten wir zunächst nur einen Blick durch die Fenster. Was wir sahen, waren festlich gedeckte Tische mit vielen verschiedenen Gläsern und Tellern. Die roten Tischdecken und Stoffservietten unterstrichen die Exklusivität dieses Restaurants. Wir sahen aber auch die Gesichter von sechs total abgebrannten Jungs, die sich in den Fenstern spiegelten. Und diese Jungs hatten Hunger. Trotzdem waren die meisten von uns der Meinung, dass wir mit unserem Outfit nicht in dieses noble Lokal gehen konnten. Allein Karl insistierte heftig, nicht allein wegen seiner fehlenden Glucose im Blut, sondern weil auch sein Alkoholspiegel in diesem Lebenssaft mal wieder beträchtlich war. Was sollten wir machen? Wir wagten es. Kleinlaut schlichen wir uns durch den Eingang. Tatsächlich musterten uns die misstrauischen Blicke der Gäste und im Raum wurde es schlagartig still. Ohne zu fragen, setzten wir uns an den nächsten freien Tisch und warteten auf die Bedienung, die dann auch kam. Ich verlangte die Speisekarte auf Französisch, da, wie schon bekannt, eine junge Lehrerin mit einer ausgesprochen schönen Figur sich seit Jahren abmühte, mir die Vorteile dieser Fremdsprache beizubringen. Nun war ein Vorteil gegeben. Mit Unentschlossenheit in den Augen registrierten wir die erwartet hohen Preise, die in unserer Reisekasse doch ein großes Loch hinterlassen würden. Aber was soll's? Wir hatten Hunger. Die Suche nach preisgünstigen Gerichten fiel nicht leicht. Ob wir lieber Bier oder den teuren Rotwein bestellen sollten, wurde heftig diskutiert. Rotwein gewann die Abwägung, denn schließlich waren wir in Frankreich. Wir versuchten uns unauffällig zu verhalten, fielen aber trotzdem auf. Die Gäste musterten uns zunächst ebenfalls möglichst unauffällig, was uns nach der zweiten Flasche Wein ziemlich egal war. Unser Tisch stand nun im Mittelpunkt der Aufmerksamkeit von Gästen und Personal. Plötzlich schlug Karl vor, sein Akkordeon zu holen und den Leuten etwas vorzuspielen. Er stieß auf heftige Ablehnung und wir versuchten ihm klarzumachen, dass es in diesem noblen Restaurant sicherlich nicht schicklich wäre, weiter aufzufallen. Karl ließ sich von seinem Vorhaben nicht abbringen.

Er ging zum Bus und holte sein Schifferklavier. Als er damit durch die Tür schwankte, waren wir peinlich berührt, die Gäste und die Kellner relativ erstaunt. Er setzte sich an den Tisch, nahm einen Schluck Rotwein und spielte einen Musette-Walzer. Das Stück hatte seinen typisch französischen Charakter und die Leute hörten staunend zu. An dieser Stelle darf ich nochmals betonen, dass Karl hervorragend Akkordeon spielen konnte. Auch sein Französisch war, zumindest im Vergleich zu meiner Fähigkeit, recht gut. Am Ende des Liedes klatschten die Gäste verhalten Beifall. Aber nach »La Mer« waren die Leute begeistert. Karl steigerte sich in ungeahnte Höhen und bald fingen einige Paare an zu tanzen. Walter und ich holten nun, ermutigt durch die tolle Stimmung, unsere Gitarren und stimmten in das improvisierte Konzert mit ein. Es war nicht leicht, die Tonarten zu finden, denn unser Akkordeonspieler fing einfach neue Lieder an, ohne irgendeinen Hinweis zu geben. Mittlerweile wurde jede freie Fläche im Lokal zum Tanzen genutzt. Die Leute waren begeistert und die Konsequenz zeigte sich auf unserem Tisch. Etliche Flaschen Rotwein warteten darauf, uns ins alkoholische Koma zu stürzen. Das Musik-programm entwickelte sich zu einer Mischung aus französischen Chansons, englischen Songs und deutschen Schlagern. Eine Völkerverbindung sondergleichen. Die Stimmung wuchs und morgens um halb vier tanzten etliche Gäste auf den Tischen. Es war eine tolle Nacht, und das Beste: Wir mussten keinen Franc bezahlen. Erschöpft schlichen wir im Morgengrauen zum Bus.

Ein Jahr später wurde Walter zu einer Silvester-party in dieses Restaurant eingeladen. Natürlich mit seinem Akkordeon!

Mittags ging es weiter, Richtung Süden, dem Meer entgegen.

Und tatsächlich, am späten Nachmittag tauchte es auf. Zwischen Pinien erblickten wir einen blau glänzenden Teppich von unendlicher Weite, der sich in einem lauen Sommerwind kräuselte. La mer! Aber was war denn dieses Geräusch? War da wieder irgendetwas am Bus defekt? Wir hielten an und stellten erleichtert fest, dass es das Zirpen von tausenden Zikaden war, das unser Misstrauen gegenüber unserem Fahrzeug geweckt hatte.

Völlig übermüdet steuerten wir den ersten Campingplatz an. Wie auch immer bauten wir unser Zelt auf und das Erscheinungsbild ließ Rückschlüsse auf unsere Unerfahrenheit in dieser Tätigkeit unumwunden zu. Für die meisten von uns war Camping eine neue Form des Urlaubs. Es sollte für mich auch der letzte Aufenthalt auf einem Campingplatz werden. Den Zustand der sanitären Anlagen möchte ich an dieser Stelle lieber nicht beschreiben. Der Zustand im Inneren unseres Zeltes wurde von Tag zu Tag auch katastrophaler. Ameisenstraßen durchzogen den Boden und so mancher Strandhund fühlte sich in unserer Abwesenheit in der Behausung ziemlich wohl. Na ja, es wurde von Tag zu Tag chaotischer.

Wir Jungs wurden durch einige Mädchen abgelenkt. Besonders eine Gruppe von Mädchen, die aus Frankfurt kam, erregte unsere Aufmerksamkeit. Und wir erregten ihre Aufmerksamkeit durch unsere Gitarren. Am Abend schlenderten wir am Strand oder am Kai des Hafens entlang und gaben immer wieder kurze Konzerteinlagen. Diese waren stets sehr willkommen und wir freundeten uns auch mit Jungs an. Nach einigen Tagen hatten wir eine kleine Fangemeinde. An einer Stelle des Kais lag ein Boot, auf dem ein Mann Sardinen grillte. Auch dort ließen wir uns nieder und spielten einige Lieder. Der Mann auf dem Boot schaukelte im Takt zu unserer Gitarrenmusik. Die Leute, die bei uns standen, kauften seinen Grill leer und als Dank für die Umsatzsteigerung bekamen wir am nächsten Abend einige Portionen gegrillter Sardinen.

In fast allen Kneipen, in denen wir spielten, waren die Getränke frei. Es war zwar nicht unsere Absicht, irgendwelche Speisen oder Getränke zu schnorren, aber solche Belohnungen waren stets willkommen. Manchmal knutschen wir mit den Mädchen herum, aber mehr war nicht drin. Karl kam mit seinem Akkordeon eher bei den älteren Touristen an. Aber seine flüssige Gage war enorm. Meine rudimentären Kenntnisse in Französisch waren sehr hilfreich und ich war Fräulein Müller sehr dankbar. Meine schlechten Noten in diesem Fach verbesserten sich leider nicht.

Die Ferientage vergingen zwischen Alkohol und Siff. Etwas angeheitert wollte ich um Mitternacht ein Schild in der Hocke überspringen. Trotz meiner enormen Sprungkraft blieb ich an der Kante hängen und landete auf dem linken Arm. Ich hatte die engen Jeans nicht einkalkuliert. Die Folge war ein ausgekugelter Ellbogen. Im Krankenhaus wurde dieses Gelenk ohne Narkose durch einen übermüdeten Arzt wieder eingerenkt. Leider bekam ich eine Schiene mit einem Verband und es war für mich nicht mehr möglich, auf der Gitarre zu spielen.

Bei der Heimreise hatten wir ab und zu Probleme mit dem Bus und mussten mehrfach eine Werkstatt anfahren. Letztendlich kamen wir doch in unserem Dorf an. Es waren schöne Sommerferien.

Kapitel XIII

Die Zeit verging und wir mussten erkennen, dass der Reiz des Neuen immer mehr verblasste, sowohl bei uns als auch beim Publikum. Immer mehr Bands drängten auf die Bühnen und die Konkurrenz wurde größer. Max war mittlerweile in den Nachbarort umgezogen. Sein Vater hatte ein wunderschönes Grundstück auf dem Hochufer ergattert und darauf ein Haus bauen lassen. Natürlich mit einem Partyraum im Keller.

Wir waren alle gespannt auf das Einweihungsfest. Viel Geld für die Getränke hatten wir nicht. Am Nachmittag des Vortags richteten wir den Partyraum her und tranken dabei unser Cola. Da kam der Vater von Max in den Raum und betrachtete die diversen Flaschen, die in der Bar präsentiert wurden. Eine Flasche Korn hatte es Herrn Oberförster angetan. Klar, als Hausherr musste er mit uns antrinken. Leider blieb es nicht dabei. Ein Gläschen Schnaps nach dem anderen rann durch seine Kehle.

Wir Jungs wollten ihn dabei nicht alleinlassen und so wurde die Flasche in kurzer Zeit geleert. Es war das einzige alkoholische Getränk, das wir eingekauft hatten.

Ziemlich benebelt fuhr ich abends in meinem Opel Kadett nach Hause. Neben mir saß Gerd, der auch die Wirkung des Korns spürte. Während der Fahrt riss er die Wagentür auf und pinkelte nach draußen auf die Straße. Damals gab es noch keine Sicherheitsgurte. Aber alles ging gut.

Am nächsten Tag startete die Party. Es ging hoch her, da wir in letzter Minute noch eine Flasche Whisky besorgt hatten. Es war natürlich das Getränk in der Henkelflasche. In der Dunkelheit leuchteten nur die kleinen Lämpchen an unseren Verstärkern, die wieder mal einen tollen Sound lieferten. Kam jemand »aus Versehen« an den Lichtschalter, gab es ein fürchterliches Geschrei.

In den Gesichtern der Mädchen hielt die Schminke nicht mehr das, was sie ursprünglich versprochen hatte. Es wurde geknutscht, was das Zeug hielt.

Gerd hatte mittlerweile einen Führerschein und durfte an diesem Abend ausnahmsweise den Jahreswagen seines Vaters benutzen. Er war ziemlich angetrunken. Und so kam es, dass dieses blitzsaubere Auto beim Wenden im Acker landete.

Wir Jungs mussten ran und den schweren Wagen aus dem mittlerweile aufgewühlten Boden schieben. Das war nicht einfach. Als jemand den Kofferraumdeckel öffnete, sahen wir auch den Grund. Dort lag ein mächtiger Sandstein. Gerds Vater wollte damit bezwecken, dass auch das Profil der beiden Hinterreifen gleichmäßig abgefahren wurde.

Alles ging noch mal gut, aber von einem sauberen Auto war nicht mehr die Rede.

Das Abitur rückte näher und die Tage in der Schule waren voller Stress. Meine erste Mathearbeit in der Oberprima brachte mir eine glatte Sechs. So konnte es nicht weitergehen, denn ich wollte nicht durchs Abi rauschen. Also setzte ich mich in mein Zimmer und büffelte drauflos. Als Ergebnis bekam ich relativ annehmbare Noten in den schriftlichen Abifächern.

Es war die erste Drei jeweils in Latein, Französisch und Mathe seit Jahren. Im Fach Deutsch hatte ich nie Probleme. In Französisch musste ich in die mündliche Prüfung und traf dort auf Fräulein Müller. Ionescos »Rhinocéros« hatte sie als Thema ausgesucht. Meine Kunst der Interpretation, die mein Lateinlehrer so viele Jahre ansprach, wurde in der Prüfung nicht so geschätzt. Nach zehn Minuten war es dann »gut«, wie es meine Französischlehrerin bezeichnete und mich von den Nashörnern befreite. Dieses »Gut« war aber nicht als Leistungsbezeichnung zu verstehen, sondern als positives Synonym von

»genug«. Was soll's? Ich hatte die Reifeprüfung geschafft, auch ohne Mrs. Robinson.

Zu unserer Abifeier kamen wir in Jeans. 1968 lag erst zwei Jahre zurück und unser Protest gegen das Establishment hielt immer noch an. Die Übergabe der Zeugnisse fand im Musiksaal statt und meine Eltern waren zum ersten Mal in der Schule. Meine Mutter war froh und mein Vater stolz, da er seinen Sohn vor dem Bauwagen gerettet hatte. Mitten in der Abiturrede unseres Direktors knallte ein Sektkorken im Nebenraum des Musiksaals. Es war das Zeichen des Zeitgeistes und ein Zeichen unserer Klasse. Alle lachten, wenn auch die Eltern peinlich berührt. Unser »Rex« verstand das Zeichen und beendete seine Rede.

Walter schaffte sein Abi zwei Jahre später an derselben Schule. Zuerst studierte er ein paar Semester Theologie, wurde aber dann doch Frauenarzt. Entscheidend für seine Wahl war wohl das Studium des weiblichen Körpers, das er einige Jahre zuvor in der Dunkelheit unseres Wohnzimmers begonnen hatte.

Max und Gerd waren ein Jahr und Hans zwei Jahre zuvor durch das Abi gefallen. Sie schafften die Prüfung aber beim zweiten Versuch. Man kann sich vorstellen, was die Eltern uns alles vorwarfen. Nun ja, die »Negermusik« war nicht ganz unbeteiligt am schulischen Kampf ums

Überleben. Aber wir konnten durch den Misserfolg der Jungs beim Abi noch ein Jahr länger in der Band spielen.

Die Schulden, die wir bei meinem Onkel bezüglich der Anlage hatten, waren zurückbezahlt.

Epilog

»The Lightning Stars« gab es wirklich. Die Band existierte von 1965 bis 1970. Sie entstand in einem kleinen Dorf in der Pfalz. Die Namen der Mitglieder wurden vom Autor verändert.

Walter studierte Theologie und dann Medizin. In Erinnerung an die weiblichen Formen von Sabrina hatte er sich für die Gynäkologie entschieden. Ich habe ihn seit über fünfzig Jahren nicht mehr gesehen. Er soll eine ziemlich große Leibesfülle erworben haben. Nun, als Bassist steht es ihm zu. Über seine weiteren musikalischen Aktivitäten habe ich nichts erfahren.

Hans sehe ich ab und zu. Er wohnt in derselben Straße, in der auch meine Mutter wohnte. Wenn ich sie besuchte, liefen wir uns manchmal über den Weg. Sein Schlagzeug bearbeitete er in den letzten Jahren nur sehr selten.

Gerd war bandmäßig immer aktiv. Er steht heute im Mittelpunkt einer Tanzkapelle, die große Erfolge in der Region feiert. Bisweilen soll er ein Rüschenhemd beim Auftritt tragen.

Mit Max habe ich noch Jahrzehnte in verschiedenen Bands gerockt und gerollt. Er blieb bei Drafi Deutscher, ich spielte mich in Richtung Robert Johnson. Irgendwann hatten wir uns nicht nur musikalisch auseinandergelebt.

Ich selbst stehe mittlerweile seit über fünfzig Jahren auf der Bühne. An jeder Schule, an der ich Sport und Biologie unterrichtete, habe ich Lehrer- und Schülerbands gegründet. Die Musik hat mich mein ganzes Leben begleitet und immer bereichert. Noch heute bewege ich mich zwischen »Pretty Woman« und »Oye Como Va«.

Es ist egal, wie gut man ein Instrument spielen kann.
Hauptsache, man hat Freude am Musizieren, auch mit einem Akkordeon.

Outro

Nach über fünfzig Jahren Bühnenleben hänge ich so manchen Abend in dem Irish Pub herum, das sich gerade um die Ecke von meiner Wohnung befindet. Sean hat mir noch ein Bier eingeschenkt. Irisch. Ich lebe zwischen Kilkenny und Guinness. Ein junger Typ spielt auf seiner Klampfe und sein Gesang kommt gut rüber. Meine Gitarre hab ich heute nicht mitgebracht. Bin nicht gut drauf. Und wenn ich auf meine Gitarre verzichte, ist das schon mehr als depressiv. Ich denke an die zwei Frauen, die mein Leben bestimmt haben und von denen es keine an meiner Seite ausgehalten hat. Oder war es umgekehrt? Maria, der Kreis schließt sich, hat mich vor zwei Jahren verlassen und pendelt seitdem zeitweise an meiner Seite. Viel zu selten. Sie war und ist die Liebe meines Lebens.

Ich fühle mich in letzter Zeit sehr einsam, und das zum ersten Mal in meinem Leben. Da kann auch die Frau, die neben mir an der Theke sitzt, nichts ausrichten, obwohl sie mich mit den viel zu blau geschminkten Augenlidern anschmachtet. Ich hab heute den Blues und da geht nichts.

Ich denke zurück an die Sechziger, an meine erste Band. Mit den Lightning Stars wollte ich weltberühmt werden. Aber was ist geblieben? Ein anerkennendes Schulterklopfen, wenn ich hier im Pub meinen Blues spiele, und eine fast unerträgliche Einsamkeit, wenn ich nach dem letzten Bier in meiner leeren Wohnung ankomme.

»You Can't Always Get What You Want!«